Dagmar Manzel
Menschenskind

AF177525

atb aufbau taschenbuch

Dagmar Manzel, geboren 1958 in Berlin, Schauspielstudium an der Ernst-Busch-Schauspielschule, langjähriges Engagement am Deutschen Theater Berlin. Seit 2002 tritt sie immer wieder auch in Musiktheaterproduktionen auf. Zahlreiche Preise.

Knut Elstermann, 1960 in Berlin geboren, studierte Journalistik in Leipzig und arbeitete bei verschiedenen DDR-Medien. Inzwischen ist er freier Moderator und Filmkritiker – vor allem für radioeins beim rbb und andere ARD-Anstalten (Hörfunk und Fernsehen) sowie für 3sat.

Dagmar Manzel entwickelt eine Sogkraft, der man sich nicht entziehen kann. Sie spielte in zahlreichen Literaturverfilmungen, von Strittmatters »Der Laden«, den Tagebüchern von Victor Klemperer bis Helmut Dietls »Schtonk«. Für ihre Hauptrolle in Christian Schwochows Film »Die Unsichtbare« erhielt sie 2012 den Deutschen Filmpreis (neben zahlreichen anderen Preisen). Achtzehn Jahre lang war die Berlinerin eines der prägenden Gesichter des Deutschen Theaters in Berlin. Hier entdeckte sie auch ihre Singstimme und feiert seitdem in zahlreichen Operetten- und Musicalproduktionen an der Komischen Oper Berlin und an anderen Musikbühnen des Landes große Erfolge.

»Man möchte applaudieren über solchen Charme und die unangestrengte Authentizität, überhöht durch ihre künstlerische Qualität.« Frankfurter Allgemeine Zeitung

DAGMAR MANZEL

MENSCHENSKIND

Eine Autobiographie
in Gesprächen
mit Knut Elstermann

aufbau taschenbuch

Mit 38 Fotos

MIX
Papier aus verantwor-
tungsvollen Quellen
FSC® C083411

ISBN 978-3-7466-03493-7

Aufbau Taschenbuch ist eine Marke der Aufbau Verlag GmbH & Co. KG

1. Auflage 2018
© Aufbau Verlag GmbH & Co. KG, Berlin 2018
Die Originalausgabe erschien 2017 bei Aufbau,
einer Marke der Aufbau Verlag GmbH & Co. KG
Umschlaggestaltung www.buerosued.de, München
unter Verwendung eines Fotos von © Janine Guldener
Satz und Reproduktion LVD GmbH, Berlin
Druck und Binden CPI books GmbH, Leck, Germany
Printed in Germany

www.aufbau-verlag.de

Inhalt

Anhang

Dagmar Manzel

»Du brauchst Pflanzen, die sich selbst aussäen. Einmal in den Boden gebracht, bleiben sie auf ewig in deinem Garten. Nimm den wunderschönen Fingerhut, auch wenn er giftig ist, oder Akelei.« Beim Gang durch ihren riesigen, labyrinthischen Garten erzählte ich Dagmar Manzel von meinem kleinen Stück Land, das ich eher erfolglos beackere. Von nun an gab es kein Halten mehr, sie war offensichtlich in ihrem Element, schüttete gute Ratschläge wie aus einem floristischen Füllhorn überreich aus, erkundigte sich nach Lage und Bodenbeschaffenheit meines Gartens und bisherigem Bewuchs. So hätte es noch ewig weitergehen können. Dagmar Manzel, eine der herausragenden und beliebtesten deutschen Schauspielerinnen der Gegenwart, verschwendete lieber ihre großen gärtnerischen Erfahrungen an mich, statt über sich selbst zu reden. Ihr Garten ist in seiner Vielfalt, Fülle und behutsam gebändigten Natürlichkeit ein Inselreich, das sie ihren Bedürfnissen perfekt angepasst hat, mit alten Bäumen und meditativen Orten hinter dichten Hecken, mit verschlungenen Wegen und lichten Wiesenflecken, wuchernden Sträuchern, Blumen, Stauden und einer Steinlandschaft, die Freunde mit geschenkten Pflanzen bei jedem Besuch bereichern. Während wir dann endlich zum Haus gingen, um unser Interview fortzusetzen, riss sie im Vorbeigehen da noch ein Unkraut heraus, hob dort noch einen Zweig auf. Richtige Gartenfreunde machen das so, dachte ich. Kein Anflug von Erschöpfung war zu spüren, als wir uns schließlich gegenübersaßen, nur ihre schwarzen Fingernägel kündeten davon, dass sie den ganzen Vormittag im Erdreich herumgewühlt hatte. Am Abend stand Dagmar Manzel dann in »Kiss Me, Kate« strahlend schön im Scheinwerferlicht auf der Bühne der Komischen Oper. Gerade in dieser Inszenierung zeigt sie jene vielgerühmte Gleichzeitigkeit des eigentlich Unvereinbaren. Sie ist glamouröse Diva und bodenständige Berlinerin, die dem Publikum ihr verschmitztes Lächeln schenkt, eine augenzwinkernde Übereinkunft herstellend, das gemeinsame Bewusstsein, dass wir alle einer großen vergnüglichen Inszenierung im Theater des Lebens beiwohnen.

Ihr erfolgreicher Weg zum Musiktheater ist eine der erstaunlichsten künstlerischen Karrieren im Nachwende-Deutschland. Mancher, der sie in der Komischen Oper Berlin sieht, wird vielleicht auf der Bühne auch die Umrisse all jener Rollen wahrnehmen, die sie über Jahrzehnte spielte. Diese unsichtbare Galerie macht die Vertrautheit mit dieser Schauspielerin aus: Die jugendfrische, rebellische Maria Stuart, die verzweifelt liebende Ehefrau in »Coming out«, die gebrochene Königin in »Hamlet«, die kontrolliert-wütende Kriemhild, die tapfere, patente Eva Klemperer, die leidende Namenlose in »Gift«.

Bei Dagmar Manzel gibt es keine kalte Virtuosität, sie bringt immer ihre Seele zum Schwingen. So ist es eben keine artistische Leistung, wenn sie als trauernde Frau bei jeder Aufführung von »Gift« im Deutschen Theater in Tränen ausbricht. Ich konnte mir die Frage nach diesem viel besprochenen Vorgang, der das Publikum jedes

Mal ergreift, nicht verkneifen. Dagmar Manzel erschien sie völlig unerheblich, weil es ihr nur auf das tiefe Erleben dieser Figur ankommt, auf den Schmerz, den sie mit ihr in diesem Augenblick durchleidet, begleitet von den Erinnerungen an eigene Verluste und eigene Ängste. Während sie mir das ganz sachlich erklärte, füllten sich plötzlich ihre Augen mit Tränen. Wenn man mit Dagmar Manzel spricht, dann antwortet ihr ganzer Körper, die Hände suchen nach dem richtigen Wort, und ihr Gesicht verändert so sehr den Ausdruck, dass ich manchmal glaubte, einer völlig Fremden gegenüberzusitzen.

Das hier veröffentlichte Gespräch mit Dagmar Manzel kann das nur ungenügend wiedergeben, so wie die Leser auf den Klang ihrer Stimme verzichten müssen, in dem Dagmar Manzel vollkommen aufgehoben und präsent ist, jeden falschen, gekünstelten Ton vermeidend. Wir kennen uns sehr lange, das erklärt unser »Du« in den Gesprächen, doch die Vertrautheit ändert nichts daran, dass hier kein lückenloser Bericht entstand. So, wie Dagmar Manzel ihren Figuren immer ein Geheimnis lässt, einen letzten, unaufgeklärten Rest, der zur Faszination ihres Spiels gehört, nimmt sie für sich selbst das Recht auf Diskretion in Anspruch. Dem Bedürfnis, sich dem Publikum mitzuteilen, den eigenen Weg nachzuzeichnen, zu ergründen, was sie formte und bewegte, steht ihre Scheu gegenüber, zu viel preiszugeben, sich selbst zum Thema zu machen, wovor ihr doch die erfundenen Figuren, in denen sie auf der Bühne ganz aufgeht, sonst perfekten Schutz gewähren. Die entschlossenen Grenzziehungen, die Teil ihrer ebenso starken wie verletzlichen Persönlichkeit sind, galt es zu akzeptieren. Ihr Nachdenken über mediale Präsenz und Verweigerung zieht sich wie ein roter Faden durch das Buch, dennoch wird hier vieles zum ersten Mal gesagt. Ich habe viele ihrer Freunde, Kollegen und Verwandten gesprochen und aufgeschrieben, was sie mir alle so bereitwillig erzählten, als hätten sie schon lange auf diese Gelegenheit gewartet.

Dieses Buch ist die Zwischenbilanz eines intensiven Künstlerinnen-Lebens, ist Selbstvergewisserung und Werkstattbericht, vielleicht war es für Dagmar Manzel auch eine Einübung im Reden über sich selbst. Ich kann mir gut vorstellen, dass sie irgendwann selbst über sich schreiben wird. Bis dahin danke ich ihr für diese aufrichtigen Auskünfte. Fingerhut und Akelei waren übrigens ausgezeichnete Empfehlungen.

Johannes Bobrowski

DER VOGEL, WEISS

Der Vogel, weiß,
den eine Regung der Luft
hinaustrug über seinen Tod,
der mit fahlen Federn
steht unbeglänzt
über dem Hügel, einer
Birke, über dem eigenen
Schatten. Der Schatten ging
vom Wasser hinauf
auf den Sand.

Es kommt
eine Kirche mit Särgen
unter dem Dach,
mit roten und weißen Steinen
an den Füßen. Es reden
im Laub die Stimmen,
die Münder aus Rauch

von Federn,
von weißen Flügeln,
von einem Vogel Augenlos.

»Gott, wenn die wüssten!«

Knut Elstermann (KE): An den Anfang unseres Gesprächs stellst du dieses Gedicht von Johannes Bobrowski. Warum?

Dagmar Manzel (DM): Weil es ein friedvolles Bild ist, und ich glaube, dass ich mein ganzes Leben lang diesen Moment der Stille suche. Ich erinnere mich, dass ich als Kind auf dem Hof hinterm Müllhaus gespielt habe und vollkommen in meiner Welt aufgegangen bin, zwischen Grashalmen und Holzstückchen. Plötzlich stand meine Mutter vor mir und sagte: »Ich rufe dich schon seit einer Stunde nach oben, das Essen ist fertig. Und du hörst nichts.« Ich war völlig versunken, befand mich im wohligen Einklang mit mir und der Welt und spürte die Gewissheit, fliegen zu können, wenn ich es wollte. Dieser Moment des Schwebens, den ich auch beim Spielen in meinen Rollen manchmal erlebe und den ich an andere Menschen weitergeben will, hat mich ein Leben lang durch diesen Beruf getragen. Das empfinde ich als großes Glück.

KE: Einige dieser Momente des Schwebens in deinem Leben werden wir sicher noch beschreiben können in unserem Gespräch. Erinnerst du dich denn noch an deine ersten Interviews?

DM: Als ich die ersten Filme machte wie »Coming out« gab ich auch die ersten Interviews. Ich kam sogar auf die

Titelseite der DDR-Filmzeitschrift »Filmspiegel«, worauf meine Eltern sehr stolz waren, als die Ausgabe mit mir vorn drauf am Kiosk auslag.

KE: Die Interviewsituation, in der wir gerade beide stecken, gab es in der DDR nicht so häufig. Heute gehört diese ausgedehnte Pressearbeit für einen neuen Film oder ein Theaterstück, dieser Interviewmarathon ganz zwangsläufig dazu.

DM: Die wenigen Interviews damals sind mit heutiger PR-Arbeit überhaupt nicht zu vergleichen. Heute machst du einen Film und genießt die Arbeit vielleicht sehr, doch hinterher kommt unweigerlich die Pressearbeit, mit Pressekonferenzen und endlosen Terminen. Für den ersten »Tatort« gab ich einen ganzen Tag lang Interviews. Ich wurde fast wahnsinnig, obwohl alle sehr freundlich zu mir waren. Aber rede mal acht Stunden immer über dasselbe Thema! Es gehört eben dazu, du musst werben und zu den Terminen fahren und dich sehen lassen. Aber es kommt irgendwann der Punkt, an dem man sagt: »Es wurde schon so viel geredet. Die Zuschauer sollen sich meine Sachen angucken.« Durch die Pressearbeit für den Tatort und die Opernaufführungen bin ich zwar geübter geworden, dennoch will ich nicht ständig auf allen roten Teppichen präsent sein und dafür sorgen, dass die Leute mein Leben genau verfolgen können. Das soll mir schon selbst gehören. Zum Beispiel möchte ich nicht angesprochen werden: »Ich habe gestern in der Zeitung gelesen, Ihr Hund ist gestorben. Ach Gott, das arme Tier.«

KE: Dennoch hast du diesem Gespräch zugestimmt. Warum?

DM: Gute Frage. Es stellt sich bei mir merkwürdigerweise gerade eine angenehme Erleichterung bei dem Gedanken ein, dass manches aufs Papier gebracht wird, was ich schon oft sagen wollte. Dann ist das erledigt. Dabei kann ich vielleicht auch für mich selbst klären, was wichtig und prägend war.

KE: Ich habe ein paar schöne Interviews mit dir gelesen. Du sprichst schon über dich, aber am liebsten in Bezug auf deine Arbeit.

DM: Bei einem Interview für den »Tagesspiegel« ging es um Schüchternheit. Die Autorin Elisabeth Wagner erzählte mir, dass sie gedacht hatte, als sie mich auf der Bühne sah: »Schüchtern ist die nicht gerade.« Aber das ist kein Widerspruch, denn dieses Auf-die-Bühne-Gehen ist eine Grenzüberschreitung, eine ständige Überwindung, der ich mich gern stelle.

KE: Ich fand es gut, weil hier ein kreativer Vorgang beschrieben wurde, die Verwandlung von Angst in etwas Spielerisches.

DM: Ja. Das ist das Schöne und auch das Unerlässliche in meinem Beruf. Wenn du Erfolge hattest, wächst dir auch eine Verantwortung zu. Ich will die Zuschauer erreichen, und ihre Erwartungen an meine Arbeit sind mir nicht gleichgültig. Ich erinnere mich an die große Umstellung, als ich an die Komische Oper kam. Im Deutschen Theater saßen maximal 600 Menschen, in der Oper sind es 1200, also doppelt so viele, wenn sie ausverkauft ist, dazu kommen die Sänger, der Chor, im Orchestergraben die Musiker und der Dirigent. Da dachte ich manches Mal: »Gott, wenn die wüssten!« Doch wenn der Vorhang aufgeht, sagst du dir: »Du darfst sie nicht enttäuschen.« Selbst wenn die Premiere gut gelaufen ist, kommt bei den späteren Vorstellungen, wenn ich mich freier fühle, ganz viel hinzu. Mein Kollege Jörg Gudzuhn sagte neulich zu mir: »Ich saß vor zwei Jahren in deiner Premiere von »Ball im Savoy« und war jetzt noch mal drin – wie sich das verändert hat.«

KE: Du stehst später nicht mehr unter der professionellen Beobachtung der Kritiker.

DM: Genau, der Druck fällt weg, dass die Kritiker vielleicht unten sitzen und sich fragen: Gefällt es? Kann sie singen? Kann sie nicht singen? Sieht sie gut aus? Sieht sie nicht gut aus? Inspiriert sie mich? Inspiriert sie mich nicht? Zum Entsetzen einiger Kollegen reitet mich manchmal ein kleiner Teufel und fordert mich auf: ›Probier doch heute mal was anderes aus.‹ Auch deswegen sind die ganz normalen, laufenden Vorstellungen oder die Probenarbeiten für mich viel schöner als alle Premieren.

KE: Bist du nach so vielen Jahren und Erfolgen bei den Premieren noch sehr aufgeregt?

DM: Natürlich bin ich bei den Premieren noch aufgeregt, aber gleichzeitig bin ich wirklich jeden Tag dankbar dafür, dass ich vor solchen Herausforderungen stehe, dass ich arbeiten kann, dass ich diese Chancen habe und dass Abend für Abend Menschen kommen und das auch noch sehen wollen! Die Vorstellungen in der Oper und im Theater sind sehr oft ausverkauft, und manchmal warten Zuschauer danach am Ausgang, umarmen mich und sind bewegt. Was für ein Geschenk! Also sage ich mir: Nimm diesen Druck von dir, auch wenn du dich mal versprichst oder hängen bleibst. Irgendwie kommst du schon durch.

KE: Was verbindet die verschiedenen Frauenfiguren, die du in den vergangenen Jahrzehnten gespielt hast, gibt es da Gemeinsamkeiten?

DM: Ja, ihre Heimatlosigkeit. Kriemhild, Gertrud im »Hamlet«, Blanche in »Endstation Sehnsucht«, die Frau in »Gift«, die Anna in den »Sieben Todsünden« oder »Ágota Kristóf« sind Frauenfiguren, die mit aller Wucht, mit Verzweiflung, Hass und Selbstironie sich eine eigene Welt erschaffen, in der sie ihrer Sehnsucht und Einsamkeit Raum geben können. Das geht manchmal bis zur Selbstzerstörung. Mein ganzes Leben darf ich mich an solchen Figuren abarbeiten, und ich empfinde das als einen guten künstlerischen Weg.

Nimm nur die Anna aus den »Sieben Todsünden«. Für mich ist sie eine Frau, die vielleicht zum ersten Mal über ihre Lebenserfahrungen spricht, was ganz offensichtlich etwas mit mir zu tun hat, denn diesen inneren Kampf kenne ich auch. Auf der einen Seite bin ich sehr präsent, stehe auf der Bühne, wo mich jeder sehen kann, aber ich kenne eben auch das Gefühl der Einsamkeit, ob in der künstlerischen Arbeit oder privat. Man muss lernen, sich selbst auszuhalten.

KE: Und wie hältst du Einsamkeit aus, etwa bei den »Sieben Todsünden«, wo du ganz allein auf der Bühne stehst?

DM: Das ist wirklich hart. Wenn du mit Kollegen auf der Bühne arbeitest, weißt du, es geht immer irgendwie weiter, egal, was passiert. Dieses Vertrauen zu mir musste ich erst finden, diese innere Ruhe und Entschlossenheit, mir sagen zu können: Ich spiele das jetzt eben so und denke nicht an die Wirkung. Wichtiger ist, dass es für mich stimmt. In jungen Jahren überlegst du ständig, wie setze ich die Pointe? Wie spiele ich das? Der Partner spielt das so und so, was muss ich dagegenhalten? Dieser Kampf auf der Bühne hat etwas Gutes, denn er setzt Energien frei. Im Lauf der Jahre finde ich immer mehr zu mir und freue mich darüber, wenn ich eine erfüllte Zeit in meiner Arbeit erlebe.

KE: An welche Arbeit erinnerst du dich besonders gern?

DM: An die Proben mit Ulrich Matthes für »Gift«. Es war die erste Theaterarbeit des Filmregisseurs Christian Schwochow, und wir erlebten zusammen eine unbeschreiblich schöne Zeit. Auf der Suche nach dem Kern und dem Geheimnis dieses Stücks näherten wir uns behutsam den Figuren, und es wurde eine sehr persönliche Arbeit. Vor der Premiere war ich nicht aufgeregt, weil ich spürte, dass es für mich so sehr stimmte. Es wird die Menschen vielleicht berühren, aber es kann auch sein, dass sie sagen: Was denn? Keine Musik, kein großes Bühnenbild, nur ein paar Stühle, sehr schlichte Kostüme …

Weil ich diese Figur so sehr liebte und die Arbeit mit Ulrich und mit Christian genoss, blieb ich gelassen und dachte: »Es wird den Leuten gefallen oder auch nicht gefallen, schauen wir einfach mal.« Und dann wurde das so ein Erfolg. »Gift« ist fast immer ausverkauft, wir haben schon über fünfundsechzig Vorstellungen gespielt, sind mit dem Stück auf Gastspiele gegangen und haben beide die Ifflandmedaille und ich den Faust-Preis dafür erhalten. Ich bin so glücklich, rückblickend sagen zu können: Ich habe mit Heiner Müller und Thomas Langhoff gearbeitet. Ich war die Gertrud, die Kriemhild, die Blanche. Ich durfte wunderbare Rollen spielen, aber die Figur der FRAU in »Gift«, die nicht mal einen Namen hat, erfährt eine solche Aufmerksamkeit. Das finde ich einfach schön.

KE: »Gift« war auch für mich ein sehr berührendes Theatererlebnis, vor allem durch dieses vollkommene Zu sammenspiel mit Ulrich Matthes. Spielst du vor den Proben mit dem Partner solche Szenen auch allein durch, vor dem Spiegel etwa?

DM: Einen Spiegel brauche ich nur, wenn ich geschminkt werde, was ich sehr mag. Für Opernaufführungen ist das viel intensiver als beim Schauspiel. Sie kleben dir lange Wimpern an und setzen dir schöne Perücken auf. Sonst sehe ich mich nicht so lange im Spiegel an, wozu auch? Da sitze ich dann und denke: O Gott, die arme Frau Furmanek. Jetzt hat sie nur eine halbe, dreiviertel Stunde Zeit, um daraus ein richtiges Gesicht zu machen. Sie ist seit zwölf Jahren meine Maskenbildnerin an der Komischen Oper. Dann fängt sie an, mich zu schminken, setzt mir die Perücke auf. Du schlüpfst so langsam in die Figur hinein, nimmst eine andere Haltung ein. Ich liebe das. Bei den Aufführungen steht Frau Furmanek an der Seite mit der Wasserflasche und muntert mich auf: Ach, was haben sie an der Stelle wieder schön gesungen, Frau Manzel. Wenn es mir mal nicht so gut geht, beruhigt sie mich: Nein, nein, man merkt nichts. Sie ist mein guter Geist.

KE: Wie beschreibst du dieses Miteinander auf der Bühne, diese magische Chemie, die stimmen muss? Es hat sicher auch seinen Reiz, allein auf der Bühne wie bei einer Solokantate von Bach alle Facetten selbst gestalten zu können.

DM: Aber natürlich. Ulrich Mühe hat mir mal gesagt, er liebe die Monologe am meisten, weil er den Raum auf der Bühne ganz für sich hat. Ich musste so oft daran denken, weil er meine »Sieben Todsünden« nicht mehr sehen konnte, wo ich auch allein auf der Bühne war. Ich liebte es sehr, diese Riesenbühne der Komischen Oper zu füllen. Am Anfang steckte ich meinen Kopf durch den Vorhang und sang »Berlin im Licht« von Kurt Weill. Meine Knie schlotterten und ich dachte: Jetzt gibt's kein Zurück mehr, niemand hilft dir. Du musst das irgendwie schaffen. Ich habe das dann zwanzig Mal gespielt, manchmal dachte ich, das sei nicht durchzuhalten, aber sobald das Orchester einsetzte, die ersten Takte von Weill erklangen, war ich plötzlich wie elektrisiert. Solche Macht hat die Musik über mich. Dieser Abend war mein Herzblut, ein Teil meines Lebens, der in der Inszenierung von Barrie Kosky sichtbar werden durfte. Aber dennoch, es ist mir viel lieber, in »Eine Frau, die weiß, was sie will!« mit Max Hopp oder in »Gift« zusammen mit Ulrich Matthes zu spielen, weil wir unsere Erfahrungen teilen können. Ich bin ein Mensch, der gern teilt.

KE: Man teilt und wird dabei aufgefangen.

DM: Genau. Man hört zu, man kann reagieren … Dadurch erhält das Spielen eine Lebendigkeit. Wenn du monologisch allein mit dir bist, brauchst du einen sehr langen Atem, was sehr anstrengend werden kann. Ich rede mit dir so viel über mich, dabei höre ich auch gerne mal zu.

Intermezzo
Sylvester Groth, Schauspieler

Dass Dagmar Manzel sehr begabt ist, wurde schon während des Schauspielstudiums klar. Wir waren im selben Studienjahr. 1981 haben wir den sehr schönen Abschlussfilm des Regisseurs Bernd Böhlich gemacht, »Fronturlaub«, der noch heute zu meinen Lieblingsarbeiten gehört, nur Dagmar und ich in einem Bauernhaus, ganz ohne Worte. Die damals entstandene, tiefe Freundschaft hält bis heute. Im Dresdner »Don Karlos« war sie dann meine Eboli. Mir ist damals schnell klar geworden, dass man verdammt gut vorbereitet in die Arbeit mit ihr gehen muss, sonst hat man keine Chance. Sie spielt dich glatt an die Wand mit ihrer Spielfreude und der Lust zur Provokation. Da muss man schon eine Kohle draufpacken, wenn man neben ihr bestehen und auf der Bühne auch vorkommen will. Dabei ist das keine Absicht von ihr. Sie geht einfach auf die Bühne, und dann bleibt sie da auch und lässt ihre Figuren strahlen – das ist sehr faszinierend zu sehen, weil sie immer überrascht und ihre Figuren immer lebendig sind. Und dann kann sie auch noch so toll singen. Darum beneide ich sie am meisten. Was sie da in der »Komischen Oper« macht, dafür müsste man sie mit der Kutsche den Ku'damm und die Linden rauf- und runterfahren und bejubeln. Man bekommt einfach eine Vorstellung davon, was Theater auch sein kann. Sie macht den Mund auf und die Leute sind verzaubert und berührt.

»Sie kennen mich nicht, aber Sie haben schon viel von mir gehört«

KE: Du hast eine Vorliebe für Komponisten der zwanziger Jahre, wie Friedrich Hollaender, Oscar Straus, Werner Richard Heymann und Paul Abraham.

DM: Ja, mich bewegen die Lieder und Geschichten dieser jüdischen Künstler sehr. Einige von ihnen kehrten nach dem Krieg nach Deutschland zurück und arbeiteten wieder, aber oft ohne an ihre früheren Erfolge anknüpfen zu können. Friedrich Hollaender hat das Gefühl der Heimatlosigkeit in seiner Emigrantenballade so beschrieben:

»Und tausendmal täglich in die Schranken verwiesen werden,

Und kein Zurück …

Und ich sehe deine Tränen fließen,

Deine Augen sind vom Weinen blind,

Und es steht uns auf der Stirn geschrieben,

Dass wir Fremde sind.«

Er hat für Billy-Wilder-Filme komponiert und Marlene Dietrich begleitet.

KE: In »A Foreign Affair« von 1948 sieht man die beiden gemeinsam in einer Szene, was in Erinnerung an den »Blauen Engel« mit Marlene, für den Hollaender 1930 seine unsterblichen Melodien schrieb, sehr berührend ist.

DM: »Black Market« aus Billy Wilders »A Foreign Affair« singe ich auch bei meinem Hollaender-Abend und nahm es auf CD auf. Ich sah mir diese Nachtclub-Szene, in der er sie begleitet, noch einmal im Film an. Marlene steht da, unglaublich schön. Mit einer solchen Kraft, mit einer solchen Konzentration singt sie diesen Song. Hollaender sitzt am Klavier und begleitet sie. Das ist so wunderbar … Ich habe auch tolle Pianisten, die mich begleiten. Das wird in den besten Momenten zu einer Symbiose wie zu meinen Anfängen bei Uwe Hilprecht, dem ich sehr viel zu verdanken habe, bei Michael Abramowitsch oder Adam Benzwi. Er dirigiert in der Komischen Oper »Eine Frau, die weiß, was sie will!« und »Ball im Savoy« und begleitet uns für einige Nummern auch solo am Klavier. Er ist ein phantastischer Pianist und Dirigent, der mit sichtbarer Freude musiziert und alle damit ansteckt.

KE: Unser Buch heißt wie dein Hollaender-Programm und das Album dazu: »Menschenskind«, ein schönes Berliner Wort. Was bedeutet es dir?

DM: »Menschenskind«, das bin wohl ich, denn dieses Wort beschreibt für mich das Leben überhaupt. Einerseits bin ich ein Menschenskind und in diesem Begriff schwingt viel Hoffnung mit. Man sagt, dass die neugeborenen Babys in den ersten Wochen noch die Engel sehen können. Jeder wird unschuldig geboren, das muss man jedem Menschen zugestehen, und dann prägt ihn das Leben, formen ihn die Umstände. Du begegnest Menschen, die man liebt und verehrt, oder auch Menschen, die man zutiefst verachtet. Vielleicht sollten wir versuchen, dieses Menschenskind in uns zu bewahren. Andererseits ist »Menschenskind« auch der Berliner Ausdruck einer humorvollen Zurechtweisung: »Menschenskind, nu stell' dir doch nich so an! Reiß dich mal zusammen, und nimm dich nicht so wichtig.« Das ist in seiner herrlichen Direktheit einfach genial.

Auf der Hollaender-CD beginne ich mit »Wenn ich mir was wünschen dürfte«, und die ersten Worte, die ich singe, sind »Menschenskind, warum glaubst du bloß, gerade dein Schmerz, dein Leid wären riesengroß.« Dieses Lied ist für mich sowieso ganz wichtig:

»Wenn ich mir was wünschen dürfte,
möchte ich etwas glücklich sein,
denn wenn ich gar zu glücklich wär',
hätt ich Heimweh nach dem Traurigsein.«

KE: Friedrich Hollaender bezeichnete sich einmal als »lachenden Melancholiker«. Damit kannst du sicher viel anfangen.

DM: Ja, sieh dir nur seinen letzten Auftritt an: »Clown, du hast deine Stellung verloren«. Das tut mir schon weh. Ihm war längst klar geworden, dass politisches Kabarett in den fünfziger und sechziger Jahren vollkommen erledigt war. Niemand interessierte sich mehr dafür, die Leute hatten andere Themen, es ging um andere Belange. Man wollte den Krieg vergessen und wieder ein schönes, ungestörtes Leben führen. Für Hollaender war die Melancholie eine treibende Kraft. Genau danach suche ich. Es gibt so einen schönen Satz von Emil M. Cioran, der einfach zu meinem Leben gehört: »In einer Welt ohne Melancholie würden die Nachtigallen anfangen zu rülpsen.«

KE: Mit dieser Melancholie singst du Heymanns Superhit »Ein Freund, ein guter Freund«. Als ich deine Aufnahme zum ersten Mal gehört habe, war ich sehr verblüfft, denn wir kennen das doch als ein klassisches Gute-Laune-Lied …

DM: Mit Heinz Rühmann, mit dem ich nicht unbedingt verbunden werden möchte …

KE: Wegen der Zeit, in der er ein Star war …

DM: … weil man seine Haltung kennt und weiß, dass er sich von seiner jüdischen Frau getrennt hat, um weiter Filmkarriere zu machen. Obwohl ich »Die Feuerzangenbowle« natürlich als Kind sehr liebte, habe ich ein sehr gespaltenes Verhältnis zu Heinz Rühmann. Man kennt sein schmissiges: »Ein Freund, ein guter Freund, das ist das Schönste, was es gibt auf der Welt«. Für meine Aufnahme arbeitete ich mit dem israelischen Pianisten Tal Balshai zusammen, der schon lange in Berlin lebt. Er verstand genau, dass ich die Lieder von Werner Richard Heymann nicht so singen kann, wie man sie von früher kennt. Auch wenn Tal noch ein junger Mann ist, hat doch die deutsche Geschichte Einfluss auf sein Leben. Darüber sprachen wir oft, und so kamen auf einmal die Melancholie und der Abschiedsschmerz in diesen Song.

»Ein Freund, ein guter Freund, das ist das Schönste, was es gibt auf der Welt.«

Ich kenne die Geschichte von Werner Richard Heymann gut und bin mit seiner Tochter Elisabeth Heymann-Trautwein eng befreundet. Sie ist ein wunderbarer Mensch, hat mir viel erzählt und alles, was es von und über ihren Vater gibt, zur Verfügung gestellt. Von ihr weiß ich, dass er nur mit ein paar Mark in der Tasche dieses Land verlassen musste. Er war einer der berühmtesten Komponisten seiner Zeit. Die meistgespielten Lieder waren nicht von Hollaender, Abraham, Oscar Straus, sie stammten von Werner Richard Heymann. Nach dem Krieg geriet er in Vergessenheit, aber er blieb ein humorvoller, optimistischer und lebensfroher Mensch. Als er wieder eingebürgert werden sollte, wurde er gefragt: »Können Sie denn ein deutsches Lied singen?« Da sang er: »Das gibt's nur einmal, das kommt nie wieder.« »Das kennen Sie?« Sagt er: »Ja, ich habe es geschrieben.«

KE: Heymann sagte immer: »Sie kennen mich nicht, aber Sie haben schon viel von mir gehört.«

DM: Ich zitiere das bei jedem Abend, den ich mache, bei jedem Konzert. Hollaender kennen immer noch viele, und ich liebe ihn sehr. Auch Paul Abraham wurde vergessen, aber zum Glück kehrte er durch »Ball im Savoy« in die Komische Oper zurück, ebenso wie Oscar Straus, der sehr viel für Fritzi Massary geschrieben hat. Werner Richard Heymann? Da fragen die Leute immer: Wer? Ich sage dann nur: »Ein Freund, ein guter Freund«, »Das gibt's nur einmal«, »Irgendwo auf der Welt« – Ach so, das kenne ich. Singt meine Mutter immer! Und ich: Ja, das ist alles von Heymann.

Ich will auf meine Weise dazu beitragen, dass Heymann nicht vergessen wird, und erzähle bei meinen Abenden immer wieder seine Geschichten. Diese Zeit und diese Lieder sind mir wichtig, ich entdecke mich in ihnen immer wieder neu. »Irgendwo auf der Welt … gibt's ein kleines bisschen Glück« ist mein definitives Lieblingslied, aber natürlich ganz unsentimental gesungen.

KE: Aber woher kommt dieses Interesse? Die DDR war nicht immer sehr sensibel für das jüdische Erbe. Wenn man es nicht selbst gesucht hat, ist man ihm kaum begegnet.

DM: Für mich war es immer das bestimmende Thema, aus mehreren Gründen. Ich war an einer Schule, wo ich ab der dritten Klasse Russischunterricht hatte. Am Wochenende fuhr ich manchmal in das noch heute existierende Kapitulationsmuseum in Karlshorst und gab dort auf Deutsch und Russisch Führungen über die letzten Kriegstage in Berlin. Am Ende dieser Führungen wurden Filme gezeigt, Dokumentationen über die Befreiung, aber auch über die Konzentrationslager. Mich ließen diese Bilder nicht mehr los. Auf der anderen Seite sah ich im DDR-Fernsehen gern die alten Montagabendfilme mit Schauspielern, die mir sehr vertraut wurden, darunter viele jüdische, die emigrieren mussten oder umgekommen sind. Oft waren es Filme mit sehr viel Musik! Natürlich sah ich auch »Willi Schwabes Rumpelkammer«, jeder aus dem Osten kennt die Sendung, in der Filmausschnitte und Geschichten aus jener Zeit präsentiert wurden.

Mein Vater sammelte Filmprospekte, solche dicken Zigarettenalben aus den dreißiger Jahren mit den Bildern der Stars, das sind wahre Schätze. Seine Mutter hatte damit begonnen, dann übernahm mein Vater die Sammlung. Als ich meinen ersten Film drehte, überreichte er sie mir feierlich. Ich hüte sie immer noch. Auch meine ersten Platten waren von Offenbach, von den Comedian Harmonists, von Fritzi Massary.

KE: Da warst du also schon etwas anders als deine Mitschüler, die sich vermutlich auch für andere Musik interessierten?

DM: Sie hörten eben Santana, den ich auch mochte, aber irgendwie faszinierte mich diese vergangene Welt schon immer mehr. Ich kannte »Ein Freund, ein guter Freund« durch den Film »Die Drei von der Tankstelle«. Ich liebte das Lied »Irgendwo auf der Welt« wie die Comedian Harmonists es sangen, die so großartige Stimmen hatten. Und dann kamen Fragen auf. Was wurde aus diesen Sängern? Warum musste Fritzi Massary weggehen?

Intermezzo
Adam Benzwi, Musiker,
Dirigent an der Komischen Oper

Wenn Dagmar und ich gemeinsam an ihren Liedern arbeiten, gehen wir immer vom Text aus, die Musik kommt erst später. Wir reden viel über den Text des Liedes und kommen dadurch auf Parallelen zum eigenen Leben. Dagmar erzählt von sich, von Trennungen, von Enttäuschungen. Weil wir uns so lange kennen, weiß ich genau, wo ihre Stärken liegen und ihre Verwundungen. Ich will ihr Brücken bauen, damit sie diese Gefühle in den Liedern herauslassen kann. Dagmar hat viel erlebt, große Liebe und große Wut. Das ist ein emotionales Spektrum, aus dem wir schöpfen, und das macht die Arbeit so intensiv. Manchmal fließen bei den Proben auch Tränen. Da ist immer ein großes Verstehen und ein Ausleben von Gefühlen. Ich bin manchmal selbstkritisch und stecke voller Zweifel. Dann baut sie mich auf, das ist ein richtiges Geschenk.

Wir arbeiten an dem, was ich die »identische Stimme« nenne. Anfangs hat sie meist hoch gesungen, aber wenn sie tiefer geht, wird sie viel emotionaler. Ich erarbeite mit ihr die Lieder, die in den Stücken vorkommen, fast ein Jahr bevor es mit der Inszenierung losgeht. Wir fragen uns immer, welches Geheimnis in den Liedern steckt. Zum Beispiel in »Eine Frau, die weiß, was sie will!«: Im Grunde weiß diese Frau es nicht. Sie sehnt sich uneingestanden nach einer Beziehung, das kann man bei Dagmars Gesang hören. Singen kommt bei ihr aus dem Spielen. Sie beherrscht beide

Künste. So werden die Proben mit ihr zum Fest, weil es nicht nur um Töne, um Rhythmus geht, sondern um Geschichten. Sie liebt dieses aktive Verstehen und die handwerkliche Seite, die Korrekturen, die genaue Arbeit am Detail. Es gibt bei diesen wiederentdeckten musikalischen Komödien und Operetten, anders etwa als bei der »Zauberflöte«, kein traditionelles Klangideal, an das sich die Leute gewöhnt haben. Wir dürfen den Klang erfinden, ohne Gefahr zu laufen, nostalgisch zu werden. Ich will Dagmars heutige Gefühle hören, ihre Sinnlichkeit, ihre Leidenschaft. Dadurch wird es eben nie nostalgisch. Es ist fein und grob zugleich, man hört Arbeiterklasse und Aristokratie. Ihr Reichtum ist: Viel Emotion und viel Reflexion.

»Dann kommt eben was anderes«

KE: Gleich in deine Anfänge in Dresden fällt eine der wichtigsten Theaterrollen, die »Maria Stuart«, die du sehr jung spielen konntest, während oft ältere Kolleginnen den Part übernehmen. Was bedeutete dir dieser Einstieg?

DM: Das war meine zweite Produktion am Theater nach »Jutta oder Die Kinder von Damutz«. »Maria Stuart« spielte ich mit zweiundzwanzig Jahren, worauf einige Kollegen schon etwas säuerlich reagierten. Da kommt eine Neue und spielt gleich die Stuart. Ich verstand das durchaus, zumal sie oft von viel Älteren gespielt wird, wie du sagst.

Das Stück packte mich sofort. Erst mal war sie katholisch, aber das war nicht der Hauptgrund für meine Faszination, sondern vielmehr die ungeheure Stärke dieser Frau, die bei ihren Ansichten bleibt, alle Widrigkeiten auf sich nimmt und sich nicht brechen lässt. In der dramatischsten Szene des Stücks, in der Begegnung zwischen den beiden Königinnen, die in Wirklichkeit nie stattgefunden hat, leistet Maria mutigen Widerstand gegen Elisabeth, der personifizierten Staatsgewalt. Obwohl wir das nicht vordergründig auf die DDR hin inszeniert hatten, verstand jeder im Publikum die Parallele. Die Sympathie lag natürlich bei der jungen Frau Maria, die für ihre Ideale und um ihr Leben kämpft. Mit dieser Rolle habe ich mich richtig freigespielt, an der Seite von wunderbaren Kollegen wie Regina Jeske, Rudolf Donath und Justus Fritzsche.

KE: Es herrschte Anfang der achtziger Jahre am Dresdner Theater eine Aufbruchstimmung, die künstlerisch in das ganze Land hineinwirkte.

DM: Ich fand diesen neuen Wind mit dem Regisseur Wolfgang Engel sensationell, diesen direkten Zugriff auf Stücke und Figuren, diesen nicht-theatralischen Ton. Wir spürten auch einen Gegenwind, etwa wenn sich Zuschauer nach Aufführungen von »Maria Stuart« über die kahle Bühne mit der nackten Rückwand, an der man die Feuerlöscher sah, beschwerten. Für mich war die Maria meine erste Liebeserklärung an das Theater und auch mein erster Liebesbeweis, der zeigte, dass ich es auf der Bühne aushalten kann, mein erster Schritt in das Reich der Klassiker, der mich aber auch zurückwarf. Ich hatte noch kein Maß dafür gefunden, eine Figur zu spielen, die mich zutiefst bewegte, aufwühlte, für die ich brannte. Dieses ungeklärte Verhältnis von Nähe und Distanz grenzte manchmal an Wahnsinn. Ich musste lernen, dass beides nebeneinander besteht, dass man hin- und herschalten kann, doch dazu brauchte es die Erfahrung von dreißig Arbeitsjahren am Theater. Ich kann mich von außen betrachten, ohne den Zustand des Schmerzes, der Wut, der Verzweiflung zu verlassen, ich gebe dem Zuschauer sogar zu verstehen, dass wir uns das nur anschauen, dass ich das gar nicht bin, und kann dann wieder zurückschalten und weiterspielen. Im Musiktheater mit Barrie Kosky konnte ich das extrem ausbauen, ein Lied zu interpretieren und dabei auszusteigen und wieder einzusteigen, als sei nichts gewesen.

KE: »Maria Stuart« wurde für dich zu einem ersten Markenzeichen.

DM: Die erste Kritik zu »Maria Stuart« war der Knaller. Ich spielte das Stück dann hundert Mal, und die Leute kamen von überall her. In der Kritik stand allerdings auch: »Spielen kann sie ganz gut, aber sprechen kann sie noch nicht so richtig.« Ich berlinerte wirklich noch ein bisschen und hatte übrigens auch einen sehr latschenden Gang, obwohl ich hohe Schuhe tragen musste. Der Regisseur Wolfgang Engel verzweifelte an mir und schrie: »Wie gehst du denn auf der Bühne? Mensch, das ist doch eine Königin! Du läufst ja, als ob du gerade aus der Kaufhalle kommst!« Zum Glück hatte ich meine Schauspielkollegin Regina Jeske neben mir, die mir viel über Körperhaltung und den richtigen Umgang mit Sprache beibrachte. Wolfgang Engel ließ das Stück auf der leeren Bühne mit der Brandmauer vom Kleinen Haus beginnen. Es war ein unglaublich starker Auftritt, wenn ich als Maria durch die riesige Kulissentür an der Rückwand des Theaters kam, im Nebel stand und sang »Lass mich der neuen Freiheit genießen«. Bei der Premierenfeier bekam ich dann mein erstes außergewöhnliches Kompliment. Eine Dramaturgin sagte zu mir: »Sie hätte man im Mittelalter verbrannt«.

KE: Haben deine Eltern deine Anfänge in Dresden wahrgenommen?

DM: Sie besuchten mich in Dresden, schon als ich am Theater meine erste Rolle spielte, die Hauptrolle in »Jutta oder Die Kinder von Damutz«, offiziell war ich da noch Schauspielstudentin. Überall in der Stadt hingen riesengroße Plakate mit einem Bild von mir. Zu dieser Zeit hatte ich eine recht provokante Art, mich zu kleiden. Weil ich die Klamotten zu DDR-Zeiten ziemlich furchtbar fand, nähte ich mir aus gefärbten Bettlaken Sachen und fertigte selbst Schmuck an, ich trug alte Damenhüte und Männerjacketts, verschiedenfarbige Strümpfe und lief so durch die Stadt. Meine Mutter bügelte immer heimlich meine Hängekleider, was natürlich total out war. »Die muss man zerknittert anziehen«, versuchte ich ihr zu erklären. Sie meinte nur: »Also, auf den Plakaten überall in der Stadt siehst du doch so anständig aus. Aber wie du rumläufst! Ich schäme mich richtig, mit dir durch die Straßen zu gehen.«

KE: Hat dein Stil im damals eher braven Dresden für Aufsehen gesorgt?

DM: Und ob. Ich hatte eine Begegnung an der Haltestelle, als ich zur Probe fahren wollte. Wie üblich war ich leicht verkleidet und fand mich total cool, eben nicht so langweilig wie die anderen. Da kam eine Dresdnerin auf mich zu, ging um mich herum, musterte mich von oben bis unten und schimpfte los: »Roochen of de Straße, und keen Rocksaum. Du Schlampe! Wenn de meene Dochta wärst, würdsch dich dodschlagen« – das war einer der seltenen Momente meines Lebens, in denen ich sprachlos war.

KE: Du warst an der Schauspielschule und spieltest aber nach zwei Jahren trotzdem schon in Dresden. War das normal, dass man als Elevin in ein Ensemble kam?

DM: Nein, ich hatte wirklich großes Glück. Der Regisseur Horst Schönemann, der mich am Deutschen Theater in der Inszenierung »Die Nacht nach der Abschlussfeier« besetzte, sprach mich an, als er Schauspieldirektor in Dresden wurde. Ich kam gerade ins dritte Studienjahr: »Ich nehme dich mit. Bevor dich jemand anders haben will. Du kommst zu mir. Und der Engel kommt mit. Der wird dort Regisseur.« Wolfgang Engel war mein Mentor an der Schauspielschule. Ich studierte nur anderthalb Jahre – und dann kam ich schon ans Theater, deswegen war ich nur so kurze Zeit an der Schauspielschule.

KE: Du hast aber trotzdem einen Abschluss bekommen?

DM: Ja, klar. Meine schriftliche Abschlussarbeit wurde aber nicht benotet, die fiel richtig durch. Ich hatte einfach ein Probenprotokoll zu der Inszenierung von »Jutta oder Die Kinder von Damutz« geschrieben, mit Zeichnungen. Es war nicht unbedingt meine große Leidenschaft, über meine inneren Vorgänge zu schreiben und mich damit auseinanderzusetzen. Die Professoren meinten, das könne man gar nicht bewerten, und schrieben in die Beurteilung: »Es gibt Schauspieler, die können über ihre Arbeit reden und darüber schreiben. Und es gibt Schauspieler, die können das nicht. Dagmar Manzel kann es nicht.« Hart, aber wahr. Doch es gab noch die mündliche Prüfung, in der die Dozenten saßen. Da sprach ich über meine ersten Erfahrungen am Theater, über die Zerrissenheit, über die Ängste, die man als Schauspielerin hat, dass man sich immer zuhört, neben sich steht und vor Aufregung nicht mehr weiß, wo man eigentlich ist. Mir war völlig rätselhaft, wie man in diesem Beruf über viele Jahre leben kann, wie man diese emotionalen Ausbrüche aushalten soll. Plötzlich wurde es richtig spannend. Viele Dozenten waren früher selbst Schauspieler gewesen, die stiegen dann mit ihren Erfahrungen ein, und wir unterhielten uns einfach nur noch. Es wurde eine gute Prüfung, so habe ich es doch geschafft.

KE: Der Regisseur Thomas Langhoff, der am DT für dich so wichtig werden sollte, kannte dich auch schon als Studentin.

DM: Ja, von der Schauspielschule. Er hatte mich als Marthe Schwerdtlein in seiner Studenteninszenierung vom »Faust« besetzt und gesagt: »Wenn ich am Deutschen inszeniere, möchte ich die Manzel holen.« Das tat er dann auch, er ließ mich nie mehr aus den Augen. Genau wie Schönemann und Engel verdanke ich auch Langhoff unglaublich viel. Am Deutschen Theater gab er mir immer große Rollen, die er mit mir aussuchte: »Das musst du jetzt spielen, das wäre jetzt gut für dich. Das müssen wir jetzt zusammen machen!« Er hat mich mein ganzes Leben lang gefördert und begleitet, auch als ich schon freiberuflich war und Musiktheater machte. »Du musst wieder Theater spielen!«, meinte er damals. Ich sagte: »Nein, ich habe keinen Bock mehr auf Theater! Ich habe so viel gespielt, ich will nicht mehr.« Aber er hat mich doch wieder auf die Sprechbühne gebracht und für zwei Stücke ans Berliner Ensemble geholt, was ich als großes Glück empfand. Seine Art zu inszenieren war einfach ein Ereignis, so unprätentiös, zurückgenommen, fast beiläufig. Er war sehr feinnervig, intelligent, hoch musikalisch. Er prägte das Deutsche Theater über viele Jahre und gab mir die Chance, dabei zu sein. Zur Premiere von »Totentanz« 2006 am Berliner Ensemble schrieb er in der »Berliner Zeitung« einen offenen Liebesbrief an seine Darsteller, Dieter Mann, Götz Schubert und eben auch an mich. Ich wusste vorher nichts davon und war beim Lesen sehr gerührt.

»Mit Dir, Dagmar, noch an der Schauspielschule, Du warst noch keine richtige Schauspielerin, ich noch kein richtiger Regisseur, Du warst meine Frau Schwerdtlein in einer Urfaust Studioarbeit. Ich rief: Werft die raus, die muss auf die Bühne, die kann ja schon alles! Und nun bin ich schon ein großes Stück Künstlerleben mit Dir verbunden. Sicher sind wir ein gut eingetanztes Paar, aber jede Runde ist wieder abenteuerlich und spannend. Das machen Deine Neugier, Deine Wachheit, Deine Kontrollsucht, Dein Ver- und Misstrauen, Deine unbändige, hemmungslose Lust, Dein Talent bis zum letzten Rest auszubeuten. Kaum zu glauben, Du warst Heiner Müllers Protagonistin und wirst Rosalinde in der »Fledermaus« sein, Du warst Kriemhild und Alkmene, Tragödin und irrsinnige Komikerin, an der Oper erfolgreich, im Film und Fernsehen geehrter und gefeierter Star, Idol vieler junger Talente. Das ist alles toll, für mich aber ist es am tollsten, dass ich Dich kenne und Dich liebe, weil Du bist, wie Du bist.«

KE: Du sagst gerade »großes Glück«, ich glaube, das zieht sich durch deine Laufbahn. Du konntest mit sehr guten Regisseuren arbeiten, auch das ist Teil einer glücklichen Biographie, dass man den richtigen Leuten zum richtigen Zeitpunkt begegnet.

DM: So war es wirklich. Ich hatte zu meinem Glück immer väterliche Begleiter wie damals den Schönemann in Dresden. Wolfgang Engel dagegen wirkte nicht väterlich, er war mehr ein Freund, wir wohnten zeitweise auch in einer WG zusammen. Er kam sehr häufig auch zu den laufenden Vorstellungen. Als ich mal wieder mit mir sehr unzufrieden war, mich auf der Bühne nicht ertragen konnte und an meinem Beruf und meiner Begabung zweifelte, legte ich ihm einen zerknirschten Brief auf den Tisch. Er antworte umgehend, sehr direkt, wie es seine

Art war. Das war richtig für mich. Seinen Brief besitze ich noch: »Ich kann mit Dir über Deine Selbstzerfleischung nicht mehr reden. Probleme haben wir alle, nicht nur Du allein. Kein Mensch, ich am wenigsten, hasst Dich. Das zu denken, verbitte ich mir. Kritik auf ihre Brauchbarkeit hin zu untersuchen, musst Du schleunigst lernen, Du bist selber schnell mit Vokabeln für andere Kollegen zur Hand. Ganz egal, was ich sage, Du bist beleidigt wie eine Diva. Finde ich die Vorstellung gut, glaubst Du mir nicht, finde ich sie nicht so gut, bist Du eingeschnappt. Wie lange Du jetzt noch mit dieser leidenden Fresse rumlaufen willst, weiß ich nicht.« Mit solchen klaren Worten half mir Engel immer wieder, schnell auf den Boden der Tatsachen zurückzukehren.

Als mein Vater starb, stand mir Thomas Langhoff oft mit väterlichem Rat zur Seite. Dann begegnete ich Barrie Kosky, dem Regisseur und Intendanten der Komischen Oper. Wir haben eine sehr freundschaftliche Beziehung zueinander, und auf seine Weise hilft er mir, indem er mir offen sagt, was gut für mich ist oder wo ich aufpassen muss, weil manchmal mit mir die Pferde durchgehen. Ich begeistere mich eben für vieles gleichzeitig, dann sage ich: Ja, klar, mach ich! Kein Problem, das schaffe ich schon! Und auf einmal merke ich: Das kann man gar nicht alles schaffen.

KE: Es liegt nahe, dieses enorme Arbeitspensum auch als eine Art Flucht zu beschreiben, möglicherweise vor der unerbittlichen Zeit?

DM: Eine Entschleunigung tritt ein, wenn ich loslassen kann und Ruhe in mir finde, und das lebe ich auch, aber meine Neugierde und mein Temperament gehen immer wieder mit mir durch, das sogenannte ›normale

Leben‹ genügt mir dann einfach nicht mehr. Warum soll ich dagegen ankämpfen, zumal ich in der Arbeit meine Erfüllung sehe und mir das Talent gewissermaßen diesen Auftrag erteilte?

KE: Dieses Muster von unersättlicher Spielfreude und schwindelerregender Arbeitslust zeichnete sich schon früh bei dir ab?

DM: Ja, ich weiß noch, dass ich als junge Studentin manchmal das Gefühl hatte, ich könne schon so vieles spielen. Ich war damals sehr ungeduldig, bis ich irgendwann merkte: Es braucht alles seine Zeit. Als junger Mensch muss man warten lernen. Aber es fällt mir heute nicht mehr so schwer, geduldig zu sein oder Dinge auch vorbeigehen zu lassen. Ich frage mich selbst: Was willst du noch spielen? Da gibt es ein, zwei Rollen. Aber wenn ich sie nicht spiele? Dann hab' ich sie nicht gespielt, dann kommt eben etwas anderes. Diese Einsicht hatte ich früher nicht. Damals wollte ich alles auf einmal, was schon rein logistisch gar nicht möglich war. Ich wollte neben dem Beruf auch die Powermutter für zwei Kinder sein, auf den Spielplatz gehen und abends noch Zeit finden, etwas zu spielen. Das klappte natürlich nicht immer und zehrte an den Kräften.

Intermezzo
Johanna Schall, Regisseurin

Ich habe Dagmar Manzel in ihrer Dresdner Zeit kennengelernt, da waren wir um die zwanzig. Wir spielten beide die gleiche Rolle, sie war allerdings deutlich besser als ich. Das muss ich einfach zugeben. Wir haben dann beide am Deutschen Theater gespielt und uns sehr gemocht. Das ist eine ganz feste Freundschaft geworden, ohne dass man sich ständig sieht, aber wir treffen uns zu wichtigen Ereignissen unseres Lebens, können aber einfach auch nur wunderbar drauflos schnattern. Auch wenn es merkwürdig klingen mag: Sie war einer der Gründe, warum ich mit dem Spielen aufgehört habe und in die Regie gewechselt bin. Ich war gut als Schauspielerin, aber sie hat eine Qualität, an die ich nie herankommen und die ich immer bewundern werde. Sie hat an meiner ersten eigenen Produktion mitgearbeitet, 1994, beim Abend mit Liedern der zwanziger und dreißiger Jahre »Eine Sehnsucht, egal wonach« unter anderen mit Jochen Kowalski. Das war auch das erste Mal, dass sie öffentlich gesungen hat. Inzwischen glänzt sie an der Komischen Oper, für mich ohnehin derzeit das wichtigste Haus in Berlin. In »Eine Frau, die weiß, was sie will!« schafft sie mit Max Hopp eine Mischung aus Leichtigkeit und Handwerk, die mich umgehauen hat. Natürlich ist sie privat auch hinreißend, aber die Verwandlung auf der Bühne, das, was zwischen dem kleinen Schritt aus dem Off in das Licht passiert, das ist dann vermutlich doch Magie.

»Auf einmal gehörst du dazu«

KE: Ab dem dritten Studienjahr, insgesamt vier Spielzeiten, warst du in Dresden. Wie kamst du dann nach Berlin, in den Tempel, ins Deutsche Theater?

DM: Gerhard Wolfram, der damalige Intendant des Deutschen Theaters fuhr viel im Land herum. Er guckte sich den Ulrich Mühe in Karl-Marx-Stadt, heute wieder Chemnitz, aus und entdeckte mich in Dresden. Während meiner Schwangerschaft – Klara wurde im September 1983 geboren – kam das Angebot vom Deutschen Theater. Ich habe mich natürlich total gefreut.

KE: Du konntest in deine Heimatstadt zurückkehren.

DM: Ja, nach Berlin und dann ans Deutsche Theater! Das Deutsche war der Olymp und auch eine Grenze, danach konnte nichts mehr kommen, oder man reiste aus. Da waren die großen Schauspieler. Natürlich gab es auch am Berliner Ensemble und am Maxim-Gorki-Theater begnadete Kollegen, das wollen wir nicht vergessen. Das Deutsche hatte siebzig Schauspieler und Schauspielerinnen im Ensemble, und auf einmal gehörtest du dazu. Das war schon phantastisch!

KE: War am Deutschen Theater, an dem du so lange gespielt hast, noch etwas von der Geschichte, die dich so faszinierte, spürbar?

DM: Ich beschäftigte mich intensiv damit. Einiges hörten wir auch an der Schauspielschule im Unterricht. Auf einer wunderbaren CD sind sie alle zu hören, die »Stimmen des Deutschen Theaters«. Diese Schauspieler waren meine großen Vorbilder, sie haben mich geprägt, sie waren mir schon lange vertraut. Darum war der Beginn am DT wie ein Nachhausekommen, da war nichts Fremdes für mich. Ich spielte nun auf der Bühne, auf der Tilla Durieux, Elisabeth Bergner, Josef Kainz und Alexander Moissi gestanden hatten und überhaupt alle großen Schauspieler. Das war für mich unglaublich erhebend, zugleich aber es nahm mich in die Pflicht. Es war für mich ein ständiges Bedürfnis, mich mit diesen Schicksalen auseinanderzusetzen.

KE: Ich frage aber auch, ob die Tradition lebendig war, ob sie in den Theateralltag hineinwirkte?

DM: Das gehörte unbedingt dazu. Ich konnte mit so bedeutenden Schauspielern arbeiten, die einige der großen Vorgänger noch erlebt hatten und sich bewusst in diese Tradition stellten. Was waren das für Kollegen: Kurt Böwe, Dietrich Körner, Fred Düren! Mit denen habe ich gespielt!

Das Schönste waren die Proben. Schauspieler wie Klaus Piontek und Dieter Mann konnten wunderbar erzählen, die holten in den Pausen immer ihre herrlichen Anekdoten hervor. Es war eine große Ehre, wenn wir jungen Schauspieler uns in der Kantine an ihren Tisch setzen durften. Ich mochte diese Pausen sehr, weil ich die Anekdoten gern hören wollte, darunter viele Geschichten über legendäre Schauspieler, die ich nicht mehr kennenlernen konnte. Das war ein Brückenschlag in eine andere und doch auch vertraute Welt.

KE: Ich erinnere mich noch gut an Legenden wie Wolfgang Heinz, den wir als Schüler im »Nathan« sahen. Er stand noch in dieser alten Sprachtradition mit dem rollenden »R«, ich fand das ungeheuer faszinierend, er kam aus einer anderen Zeit.

DM: Ja, solche Leute wie den Heinz meine ich. Der »Nathan« war Schul-Pflichtlektüre, und auch unsere Klasse ging in die Vorstellung am DT. Ich erinnere mich noch, wie ich vollkommen benommen war von der direkten und sinnlichen Darstellung der Recha, gespielt von Christine Schorn. Sie hat mich einfach umgehauen.

KE: Aber hatte das für dich nicht auch etwas Einschüchterndes? Als junge Schauspielerin vom Theater in Dresden an dieses Traditionshaus in Berlin zu kommen? Ich kenne Schauspieler, die dort hingekommen sind und bald gespürt haben, dass sie in diesen illustren Kreis nicht aufgenommen werden.

DM: Das konnte sehr hart sein. Aber ich hatte einen guten Vorlauf, weil ich nicht gleich ans Deutsche Theater kam. Johanna Schall, mit der ich eng befreundet bin, ging einen anderen Weg. Ich muss sagen, dass sie einer der aufrichtigsten Menschen ist, denen ich begegnet bin. Sie kam als Elevin damals an das Deutsche Theater und hatte es sehr schwer. Ich war ja schon am Theater in Dresden, wo meine Mentoren Engel und Schönemann genau überlegten, was ich schon spielen konnte und was besser noch nicht, was gut für mich wäre. Sie stellten einen regelrechten Plan auf, nach dem ich dann eine Hauptrolle nach der anderen spielte. Vier Jahre war ich dort, dadurch hatte ich schon eine gewisse Souveränität und Erfahrung. Souveränität ist vielleicht das falsche Wort, aber doch Vertrauen auch zu dem, was ich konnte, und das Wissen, was ich noch nicht kannte. Dennoch war ich natürlich wahnsinnig aufgeregt. Noch in Dresden war meine Tochter Klara zur Welt gekommen, dann ging ich nach Berlin und blieb ein Jahr zu Hause. In dieser Zeit stieg ich mit kleinen Übernahmen ein, unter anderem bei »Dantons Tod«, da spielte ich für Katrin Klein, die ihr Kind bekam. Plötzlich stand ich mit Kurt Böwe und Christian Grashof auf der Bühne in dieser berühmten Inszenierung, die ich schon gesehen hatte, und dachte einfach nur: Wahnsinn, Wahnsinn! Mir schlotterten die Knie.

Es gibt eine Geschichte, die Tommy Sommer, unser legendärer Inspizient, immer erzählt hat. Er war mit Fred Düren eng befreundet. Düren und Eberhard Esche waren nicht nur nett auf der Bühne, die konnten Leute echt fertigmachen. Sie sagten dann schon mal über einen Neuling: »Der gehört hier nicht her. Der muss beim Pförtner draußen bleiben.« Bei einer Probe sah mir Düren zu und sagte zu Tommy Sommer nur: »Die hat's.« Mehr nicht. Tommy hat mir das gesteckt, und ich war sehr froh über diesen Segen.

Alle Kollegen, die großen Kaliber auf der Bühne, ob Lissy Tempelhof oder Inge Keller, guckten erst mal sehr genau hin. Wenn sie dann merkten, da springt ein Funke über, wurdest du in ihren Kreis aufgenommen. Dann beschenkten sie dich. Das meiste in meinem Leben habe ich auf der Bühne von den Kollegen gelernt, mit denen ich spielen durfte.

KE: Deine erste große Rolle am Deutschen Theater hast du in den »Fliegen« von Sartre gespielt, vielleicht war das dann auch dein Durchbruch in Berlin.

DM: Ja, der Regisseur Friedo Solter hat mir diese Rolle geschenkt, und ich durfte mit Käthe Reichel als Klytämnestra auf der Bühne stehen.

KE: Was waren für dich die wichtigsten Rollen am Deutschen Theater? Vielleicht doch die Kriemhild, das war schon nach der Wende 1994? Mit ihr verbinden dich noch heute viele Besucher, die dich damals sahen.

DM: »Kriemhilds Rache« ist immer eines meiner Lieblingsstücke gewesen. Aber es begann im Deutschen Theater 1987 mit Figuren wie der Elektra in Sartres »Die Fliegen«, diese Rolle lag mir sehr. Das war meine Generation, das war meine Zeit. Sartres existenzialistische Aussage in dem Stück: »Macht basiert darauf, dass die Menschen nicht wissen, dass sie eigentlich frei sind« hat mich damals begeistert. Hier musste man jede Form von schauspielerischer Eitelkeit vermeiden, es ging um Dreck und Schmutz, um Aggression, um den Drang, alles in die Luft zu jagen. Das konnte ich ganz direkt auf die Bühne bringen. Ich mochte das sehr.

Im Jahr darauf folgte »Offene Zweierbeziehung« von Dario Fo und Franca Rame. Dieses Stück spielte ich etwa 150 Mal. Inszeniert hatte es der Exil-Chilene Carlos Medina. Proben in unserem traditionellen Sinne gab es bei ihm gar nicht. Er schickte Thomas Neumann und mich auf die Bühne und sagte: »So und so ist die Szene, spielt doch mal.« Dann haben wir drei, vier Stunden lang improvisiert, und ich dachte zwischendurch: Bricht er jetzt irgendwann mal ab, oder was? Nein, das tat er nicht. Schließlich sagte er nur: »Jetzt gehen wir mal einen Kaffee trinken.« Am Anfang machte mich das wahnsinnig, aber irgendwann gefiel es mir, weil ich soviel Freiraum bekam. Und natürlich die Arbeit mit Thomas Langhoff, seine Tschechow-Inszenierungen, seine beiden Botho-Strauß-Aufführungen in Berlin, »Das Gleichgewicht« und »Ithaka« waren sehr aufregend für mich. Die Penelope habe ich wirklich gern gespielt.

KE: Die Kriemhild hat durchaus eine gewisse Ähnlichkeit mit deiner ersten großen Rolle, der Maria Stuart, was dieses Unbedingte, Kompromisslose betrifft. Manche Zuschauer und Kritiker waren auch irritiert, dass du Kriemhild kühl und distanziert gespielt hast, mit einer kontrollierten Wut.

DM: Das war für mich gerade das Starke an dieser Inszenierung von Langhoff, dass er eine junge Frau zeigt, die in dieser Welt gezwungen wird, wie ein Mann zu denken und zu handeln, ganz rational, ganz praktisch. Sie trifft völlig emotionslos ihre Entscheidungen und versteinert dabei scheinbar mehr und mehr. In einer Szene saß ich im Rock, aber in der Haltung eines Mannes auf der Bühne und spielte mit zwei Kugeln, während es Kriemhild innerlich zerreißt. Sie weiß, dass sie nur überleben kann, wenn sie ihren Weg konsequent weitergeht.

Das hat mich unglaublich gereizt, nach außen hin eine kühle, gefasste Figur zu spielen, die im Inneren verbrennt. Man begreift, in welcher Zeit sie lebt, warum sie in diese Zwänge geriet und gar nicht anders handeln kann. Diese Darstellung hatte eine große Härte und warb nicht um die Sympathie der Zuschauer. Manche waren sehr beeindruckt und bewegt, andere irritierte es, vielleicht, weil sie eine Kriemhild erwartet hatten, die sich Haare raufend über die Bühne wälzt.

KE: Die Unversöhnlichkeit von »Kriemhilds Rache« erscheint mir im Zeitalter unserer blutigen Konflikte erschreckend gegenwärtig, und doch wird Hebbel nur selten gespielt.

DM: Ja, das ist schade. Thomas Langhoff schuf hier eine seiner besten Inszenierungen, vollkommen auf die Geschichte fokussiert. Es ging sehr konzentriert um Kriemhild, die sich nicht damit abfinden will, dass sie von der Macht geopfert werden soll, die nicht verzichten kann und lieber in den Tod geht, also um den Wahnsinn, den der Krieg in dieser Frau ausgelöst hat. Für mich ist sie eine Vorläuferin von Mutter Courage, die sagt: »Ich mache hier mein Geschäft, alles andere ist mir egal. Ich mache meinen Schnitt im Krieg.«

Das Faszinierende an dieser Kriemhild ist doch, dass sie nicht von Beginn an dieses Monster ist. Die junge Frau wird vom Schicksal in diese Rolle hineingetrieben. Sie veränderte sich, wurde hart und abweisend. Man spürt, dass sie sich selbst abgetötet hat. Das fand ich einfach großartig! Solche Rollen liebe ich.

Sehr wichtig am Deutschen Theater war natürlich auch Heiner Müller, mit dem ich mehrmals arbeiten durfte, als Königin Gertrud in »Hamlet/Hamletmaschine« und in »Quartett« als Marquise Merteuil. Diese Rolle würde ich im Alter gern noch einmal spielen, und ich träume von der »Mutter Courage«.

KE: Wie hat Heiner Müller mit dir gearbeitet? Als Autor kennen wir ihn, aber wir wissen natürlich nicht, wie er als Regisseur war.

DM: Er verunsicherte mich vollkommen. Ich war es gewohnt, Vorschläge zu machen, über die Szenen zu diskutieren, etwas gemeinsam zu entwickeln. Heiner aber sagte kaum etwas, wodurch ich das Gefühl hatte, im luftleeren Raum zu hängen. Er hatte dann irgendwie eine

Vision oder las einen fremden Text vor, bei dem du dachtest: Was hat das jetzt mit der Szene zu tun? Es hatte natürlich damit zu tun, nur konnte ich das noch nicht durchschauen. Ich hatte großen Respekt vor ihm. Er mochte mich auch und war sehr liebenswert, sehr zugewandt, nahm sich immer Zeit.

Ich konnte damit am Anfang nicht umgehen, weil es nichts Konkretes für mich als Schauspielerin gab. Aber ich sah, dass andere mit ihm wunderbar zurechtkamen, und dachte: Das muss dann irgendwie an dir liegen. Jetzt im Nachhinein weiß ich, dass er mich für diesen Beruf emanzipiert hat, aber das ist mir damals überhaupt nicht bewusst gewesen.

KE: Was genau meinst du damit?

DM: Er zeigte tiefsten Respekt vor meinen Gedanken, vor meinen Ansichten und diktierte mir keine Haltungen. Niemals interpretierte oder kritisierte er mein Spiel, er gab höchstens etwas zu bedenken. Eigentlich gab er nur die Anregung, in allen Variationen selbstständig über ein Thema nachzudenken. Er emanzipierte mich, indem er mich ernst nahm. Niemals spielte er sich in den Vordergrund, er nahm sich zurück und hüstelte dreimal, ehe er etwas sagte, aber wenn er den Mund aufmachte, spitzte man die Ohren. Er war so ein behutsamer und feiner, fast schüchterner Mann und konnte unglaublich gut zuhören.

KE: Du sagtest mal, Heiner Müller mochte keine Schauspielerei.

DM: Er machte sich lustig darüber, wenn man brillieren wollte. Dann ließ er einen machen und meinte am Ende nur: »So jetzt fängst du noch mal ganz klar an.« Ich fand das hart, dabei wollte er einen nur auf das Wesentliche stoßen. Doch um das zu verstehen, braucht man schon eine gewisse Lebenserfahrung. Warum liebe ich heute abstrakte Malerei, leere Bühnen oder moderne Musik so sehr? Weil diese Form der Reduktion, der Klarheit meinen Geist vollkommen öffnet und meiner Phantasie Raum lässt, aber dafür braucht es ein Bewusstsein für Mäßigung, für Selbstlosigkeit. Diese Erkenntnis verdanke ich den Erfahrungen und Begegnungen mit großen Künstlern wie Heiner Müller.

KE: Es war eine bewegte Zeit, ihr habt sieben Monate geprobt, vom September 1989 bis zur ersten freien Wahl im März 1990. Die Proben zu »Hamlet/Hamletmaschine« hat Stephan Suschke in seinem Buch »Müller Macht Theater« sehr genau dokumentiert. Obwohl die Umbrüche der Zeit immer in die Inszenierung hineinragten, sie geradezu überholten, handelt es sich eben doch um Shakespeares »Hamlet«. Müller betonte, man könne das Stück nicht ständig aktualisieren.

DM: Genau. Es war natürlich das DDR-Thema, das sich vor unseren Augen auflöste. Die Geschichte eines Sohnes auf der Suche nach dem Mörder seines Vaters, doch eigentlich auch nach dem Sinn seines Lebens in einem betonierten, korrupten und verräterischen System, das er immer mehr infrage stellt. Heiner Müller brachte diese schmerzhafte Suche in seiner harten, deutlichen Übersetzung auf die Bühne, er inszenierte wie mit einem Seziermesser, zerlegte die Wahrheit in ihre kleinsten Bestandteile. Er sah die Dinge, wie sie sind. Während der Proben ging das Land da draußen unter, viele engagierten sich intensiv, ständig diskutierten wir über den großen Wandel, den Müller hellsichtig und klar kommentierte, nüchterner als die meisten von uns.

KE: Ein interessanter Konflikt mit Müller entstand dadurch, dass du in »Hamletmaschine« den Text gegen seinen Autor verteidigen wolltest?

DM: Ja, ich sagte: Das ist doch affig, wie Jörg Gudzuhn und Ulrich Mühe diesen Text vergackern und veralbern und wir Frauen im Hintergrund ganz passiv sind. Das ist eine Verhöhnung des Textes. Nein, ich will das nicht machen. Müller aber wollte gerade diese Zerstörung, diese Zerstückelung und verstand mich vollkommen falsch: »Willst du mehr Text haben?« Er kam sogar zu mir nach Hause und fragte mich, ob ich mich unterbeschäftigt fühlte. Das war mir wahnsinnig peinlich. Nein, ich wollte nicht mehr Text haben. Ich hatte nur das Gefühl, dass ich nicht gut diene, wenn man das so sagen darf. Er ließ mich dann, vielleicht zum Trost, im Stück ein Lied aus »Pierrot lunaire« singen, was mich sehr freute. Ich habe schon immer bei jeder Gelegenheit gern gesungen.

KE: Du spielst die Gertrud, Hamlets Mutter, als tragische Figur, keineswegs wie oft üblich als moralisch verkommene Verräterin.

DM: Ja, wenn sie sich voller unerfüllter Sehnsucht langsam auf den Sohn zu bewegt, im dunklen Kleid mit feuerroten Haaren, wird ihr tragischerweise bewusst, dass man die begangene Tat ebenso wenig wie das falsch gelebte Leben zurücknehmen kann. Man kann es nicht ändern. Man muss es aushalten. Sie aber steht ihm gegenüber und hält es nicht aus. Das sollte nicht kabarettistisch wirken, aber Müller dachte schon an Diktatoren, an Leute, die einst bestimmten, wo es langging. Diese Gertrud spürt den Widerspruch, er steht sozusagen als ihr Sohn in Fleisch und Blut vor ihr, und gibt zu verstehen, dass es Zeit ist, ihr eigenes, überlebtes Ich zu zerstören.

KE: Aber es war ein sehr kontrolliertes Spielen, dabei gehst du gern auch ins Extrem.

DM: Absolut, es war sehr kontrolliert. Müller wollte immer, dass wir uns genau beobachten. Emotionen interessierten ihn nicht, darüber amüsierte er sich. Aber mir gefällt das Emotionale, das Explosive eben auch sehr, wie es Ulrich Mühe als Hamlet so großartig gezeigt hat. Er konnte wunderbar mit der messerscharfen Müllerschen Sprache umgehen und verband sie mit seiner Feinfühligkeit. So kamen zwei gegensätzliche Elemente auf der Bühne zusammen, und es entstand so etwas wie Magie.

Beim Tod der vergifteten Gertrud konnte ich allerdings auch ins Extrem gehen, was für die Kollegen manchmal sehr unterhaltend war, da Gertruds Sterben sehr lange dauerte, wenn ich wie eine Schlange bis zum elenden Tod über den Boden kroch. Heiner mochte diese Stelle durchaus, also dieses Radikale, Qualvolle, auch Komische, dieses nicht befriedete Sterben. Sie geht uneins mit sich selbst, ohne wirklich gelebt zu haben. Die einstige Macht, ihre einzige Existenzberechtigung, hat keine Bedeutung mehr. Das war schon extrem.

KE: »Hamlet« von Shakespeare und »Hamletmaschine« von Müller, diese achtstündige Doppelaufführung der beiden Stücke, war eine der wichtigsten Inszenierungen jener Jahre, ein Theateremblem der Wendezeit. Gab es in deiner Arbeit auch Dinge, an die du ungern zurückdenkst, Momente des Scheiterns?

DM: Ja, leider. Das war 1987 mit einem guten Freund, dem von mir sehr geschätzten Regisseur Micha Jurgons, »Emilia Galotti« am Deutschen Theater. Ich liebte diese Rolle und versuchte, mich in die Figur hineinzuversetzen. Aber wir fanden keinen Weg zueinander. Ulrich Mühe war in einer Voraufführung oder der Generalprobe und saß danach neben mir am Tisch in der Kantine: »Das ist eine Unverschämtheit, dass er dich so ins offene Messer laufen lässt!«, sagte er. Das war natürlich furchtbar für mich, aber er wollte mich nicht verletzen. Er schätzte mich als Schauspielerin und litt darunter, mich so hilflos zu sehen. Er hatte natürlich Recht. Ich wollte nur noch runter von der Bühne, weil ich spürte, dass nichts stimmte. Diese Unsicherheit kam auch über die Rampe.

Aber so etwas passiert jedem Schauspieler mal, dass es Aufführungen gibt, wo die Chemie zwischen den Regisseuren und den Kollegen nicht stimmt, oder man mit dem Stück nichts anfangen kann. Bei »Emilia Galotti« lag es nun wirklich nicht an dem Stück. Es kam noch schlimmer, das werde ich nie vergessen. Bei der ohnehin schon deprimierenden Premierenfeier machte mir Käthe Reichel, Gott hab sie selig, in der Kantine vor, wie ich es ihrer Meinung nach hätte spielen sollen. Sie hatte eine markerschütternde Stimme und warf sich beim Spielen gern hin. Auf der Bühne konnte sie großartig sein, und sie hatte wirklich Pfeffer, aber ich sagte, nein, das möchte ich jetzt nicht sehen. Sie blieb völlig ungerührt: »Nein, du hättest das so spielen müssen«, und deklamierte feierlich: »O Vater!«

Ich sagte nur noch: »Käthe, wirklich, jetzt nicht noch Öl ins Feuer gießen, bitte!«

Aber das Scheitern gehört zum Leben, und die Kunst erträgt fast alles, nur keine Unehrlichkeit. Ich muss auch zu mir ganz ehrlich sein – hier bin ich einfach gescheitert.

Intermezzo
Klara, Dagmar Manzels Tochter, geboren 1983

Ich war neun Jahre alt, als mir klar wurde, dass ich eine berühmte Mutter habe, im Deutschen Theater in einer Vorstellung von »Offene Zweierbeziehung«. Mir wurde plötzlich bewusst, wie die Leute völlig gebannt an den Lippen meiner Mutter und ihres Spielpartners Thomas Neumann hingen. Da habe ich meiner Sitznachbarin ganz stolz erzählt, dass dies meine Mutter sei, und noch die eine und andere private Sache ausgeplaudert ... Sie schaute mich nur mit großen Augen an. Sonst war das aber alles unaufgeregt. In der Kantine wurde viel gelacht, die Maskenbildnerinnen machten mir oft die Haare, während meine Mutter auf der Bühne stand. Ich bin ja in dieser Welt groß geworden, in der sich meine Mutter ganz selbstverständlich bewegte, keineswegs als eine besondere oder berühmte Frau. Zu dieser mir so vertrauten Welt gehörten die lustigen und auch die weniger lustigen Sachen. Für mich war das alles selbstverständlich.

Ich hatte ein Albino-Meerschwein namens Magdalena. Als es nach ein paar Jahren im Sterben lag, saßen meine Mutter und ich weinend bei ihr. Wir streichelten Magdalena und sangen ihr Lieder vor. Meine Mutter hätte eigentlich zu einer wichtige Vertragsunterzeichnung ins Deutsche Theater fahren müssen, aber wir waren beide so betrübt, dass sie den Intendanten Thomas Langhoff anrief und sagte: »Thomy, es tut mir leid. Aber ich kann nicht kommen, un-

ser Schwein stirbt.« Diese Geschichte kursierte noch lange in unserer Familie und im Theater.

Erst durch meine eigene Tochter ist mir bewusst geworden, was damals eigentlich alles gelaufen sein musste. Ich habe Respekt davor, wie meine Mutter es geschafft hat, mich und meinen Bruder großzuziehen und gleichzeitig diese Karriere hinzulegen. Das muss ein unglaublich komplexer organisatorischer Aufwand gewesen sein. Dabei hat meine Mutter uns Kindern immer das sichere Gefühl gegeben, an erster Stelle zu stehen, aber der Job ist leider auch unerbittlich. Die starke Abhängigkeit von anderen, immer flexibel sein müssen, immer funktionieren müssen … Das waren für mich klare Gründe, warum ich mich selbst nach einigen Jahren als Schauspielerin für einen neuen Beruf entschieden habe.

Sie ist eine großartige Schauspielerin. Ich kann das wirklich ganz unabhängig von meiner Liebe zu ihr als Mutter sagen. Sie ist eine Meisterin der subtilen Töne, und sie ist unglaublich vielseitig. Sie hat sich nie auf nur ein Genre oder eine Schublade festlegen lassen, sondern ist frei geblieben in ihrer Rollenwahl. Das hat natürlich auch damit zu tun, dass sie glücklicherweise Menschen begegnet ist, die ihr die Möglichkeit dazu geboten haben. Meine Mutter ist bescheiden, perfektionistisch, warmherzig, eine ehrliche Haut, dünnhäutig, diszipliniert, fleißig, inkonsequent, großzügig. Neben ihrem warmherzigen Wesen hat sie uns früh sehr ernst genommen und uns Verantwortung übertragen. Im Nachhinein vielleicht manchmal etwas zu viel. Als Großmutter ist sie einfach nur toll. Meine Tochter Zora liebt sie über alles, und die beiden können stundenlang spielen und in ihre eigene Welt eintauchen. Gleichzeitig nimmt meine Mutter aber auch Rücksicht auf Dinge, die von uns als El-

tern kommen, Grenzen setzen, einen Rhythmus aufrecht er-
halten. Trotz der Distanz Berlin-Zürich und ihrem vollen
Terminkalender, kommt sie uns jeden Monat besuchen und
unterstützt unsere Familie in anstrengenden Zeiten.

»Ich hab Bücher gefressen!«

KE: Du bist 1958 geboren, in Berlin-Friedrichshagen …

DM: Im Jahr des Hundes.

KE: Bedeutet dir das etwas?

DM: Auf jeden Fall! Der Hund ist im chinesischen Horoskop ein dienendes Tier, von dem es heißt, es arbeite gern, passe sich unglaublich gut an und freue sich über kleine Dinge. Das würde ich auch von mir sagen.

KE: Kommst du aus einer musischen Familie? Musikalische Begeisterung gab es zumindest.

DM: Meine Eltern hörten gern Platten, besonders gern Opernchöre, sie gingen auch oft in die Oper. Meine Mutter war Lehrerin, vorher Kindergärtnerin und konnte Akkordeon spielen. Wir haben zu Hause nicht musiziert, aber viel gesungen. Ich spielte ein wenig Gitarre, gab es aber schnell wieder auf. Heute ist es ein echtes Handicap, dass ich kein Instrument spiele. Ich kann zwar Noten lesen, bin aber nicht in der Lage, mich beim Proben selbst am Klavier zu begleiten, dazu brauche ich immer einen Repetitor. Zum Glück habe ich ein gutes Gehör, was mir sehr hilft, weil ich nicht so sauber vom Blatt singen kann. Es gibt doch diesen Witz über den Tenor. »Ich denke, Sie können vom Blatt singen?« Der Tenor antwortet: »Ja, aber doch nicht beim ersten Mal!« So ist es bei mir auch.

KE: Was hat dir Musik in deiner Kindheit bedeutet?

DM: Mit Musik zog ich mich in meine Welt zurück.

Mein erstes Wertstück war ein eigener Plattenspieler. Meine Schwester sammelte Platten, darunter viel klassische Musik. Natürlich hörten wir auch Manfred Krug und Pink Floyd, aber Oper, Operette und Musical interessierten mich einfach mehr, da fühlte ich mich zu Hause. Ich legte mir Platten auf und dirigierte zum Beispiel sämtliche Beethoven-Symphonien, sozusagen zusammen mit dem großen Dirigenten Kurt Masur. Gute Musik konnte mich verführen, sehr früh übrigens schon Offenbach. Auf meiner ersten Single war auf der einen Seite die »Barcarole« aus »Hoffmanns Erzählungen« und auf der anderen »Klein-Zack«, den ich wunderbar fand und auswendig lernte, ohne zu verstehen, worum es da ging. Als ich später den berühmten Counter-Tenor Jochen Kowalski kennenlernte, war mein großer Wunsch: Ich möchte einmal in meinem Leben die »Barcarole« singen. Das haben wir dann wirklich gemacht. Musik ist für mich so wichtig wie die Luft zum Atmen. Musik ist die direkte Verbindung zum Herzen, es geht bei ihr immer um Großes: Liebe, Tod, Abschied. Sie kommt aus der Stille und sie geht in die Stille.

KE: Hast du vor dem Spiegel gesungen und dirigiert?

DM: Nein, einen Spiegel hatte ich nicht. In meinem Kinderzimmer stand ein altes Wohnzimmer-Buffet. Da stellte ich den Plattenspieler und meine Platten hinein. In den Scheiben des Schrankes konnte ich mich beim Dirigieren sehen. Besonders gern führte ich die fünfte Symphonie auf, gab schwungvoll die Einsätze. Vielleicht prägte sich meine Musikalität damals aus, auch mein gutes Gehör. Ich habe kein absolutes Gehör, aber falsche Töne höre ich sehr genau. Ständig legte ich Platten auf und sang mit, ganze Arien von Maria Callas, meistens natürlich eine Oktave tiefer. Die Callas habe ich noch immer im Ohr, ihren Ton, ihren ganz eigenen Ansatz.

KE: Eine ungewöhnliche Beschäftigung für ein Kind, würde ich sagen. Was gehörte noch in deine Welt?

DM: Ich ging immer viel ins Kino. Damals ins »Union« in Friedrichshagen, oft allein, manchmal mit meiner Freundin Heike, mit der ich noch heute befreundet bin. Alle russischen Filme sah ich mir an und die Arbeiten von Andrzej Wajda, mit dem ich viel später auch bei einer Theaterinszenierung des Stückes »Die Hochzeit« arbeiten durfte. Manchmal kam mir im Kino der Gedanke: Mensch, das hättest du auch spielen können! Ich stieg vollkommen in die Filme ein, versank in den anderen Welten, und ich habe wahnsinnig viel gelesen. Rede ich zuviel?

KE: Ich denke nicht, das soll schließlich ein Interview-Buch werden. Also, das Lesen.

DM: Ich las wahnsinnig viel, ich habe Bücher regelrecht gefressen!

In der Lindenallee, wo meine Oma damals wohnte – wir sind alle Ur-Friedrichshagener – war eine kleine Bibliothek. Da kam es zu richtigen Wettkämpfen zwischen den Freundinnen aus meiner Klasse. Jede nahm acht Bücher mit, ich lieh mir zehn aus. Wir machten aus, in einer Woche, zum Abgabetermin sollten wir die alle glaubhaft gelesen haben, mussten uns also über die Bücher austauschen können. Nachts schloss ich mich auf dem Klo ein und las mit der Taschenlampe, daher rührt wohl meine Kurzsichtigkeit. Wir hatten übrigens nur diese eine Toilette. Wenn meine Schwester am Wochenende kam, waren wir sechs Leute, da gab es manchmal vor der Tür Gerangel.

KE: Sicher war es schwierig, auch mal allein sein zu können?

DM: Ja, aber ich fand einen ganz wunderbaren Rückzugsort, und zwar den Keller. Wir hatten einen riesengroßen, sehr grünen Hinterhof, ein richtiger kleiner Wald stand da. Zum Keller führte eine schmale Treppe hinunter, links war die Waschküche. Dann musste ich rechts durch einen dunklen Gang, es wurde immer dunkler und gruseliger. Überall roch es nach Rattengift. Dann musste ich noch mal um die Ecke, und ganz am Ende war dann diese Tür. Die öffnete ich, und dahinter lag ein großer, dunkler Raum. Das war mein Fleckchen.

KE: War das nicht doch unheimlich?

DM: Ja, schon, aber ich liebte das. In der Dunkelheit spielte ich Blindsein, ließ die Lampe aus und versuchte, so weit wie möglich ohne Licht zu kommen. Wie alle anderen lagerten wir im Keller unsere Kohlen, die ich dort stapelte und nach oben zum Heizen trug, und ich musste den Mülleimer hinunterbringen. Das waren meine Jobs im Haushalt, ich war eindeutig eher für das Grobe zuständig. Unten saß ich in einem alten Sessel, umgeben von den Einmachgläsern meiner Mutter – verhungern musste ich also nicht – und las völlig ungestört. Meine arme Schwester wusch oben die Wäsche und spülte das Geschirr, während ich im Keller in den Büchern versank. Ich kann mich erinnern, wie ich später mit dem vollen Zug aus Dresden am Wochenende nach Hause kam, auf dem Rucksack mit Dreckwäsche sitzend – ich hatte keine Waschmaschine –, und las. Plötzlich brüllte mich jemand an. Das war der Schaffner, der wahrscheinlich schon fünf Mal gesagt hatte: »Ihren Fahrschein, bitte!« Ich hatte es nicht gehört, weil ich so vertieft war.

Wenn ich mit der Straßenbahn Nummer 84 aus der Russischschule und später aus der Schauspielschule nach Hause fuhr, las ich auch immer und verpasste öfter mal die Station, wenn die Geschichte spannend war. Wenn mich Bücher, Musikstücke oder Filme packten, dann vergaß ich alles ringsum.

KE: Weißt du noch, was du damals gelesen hast? Gab es Lieblingsbücher?

DM: Angefangen habe ich natürlich mit allen Büchern von Liselotte Welskopf-Henrich, durch sie wurde ich zum großen Indianerfan. Zusammen mit meiner Freundin Astrid legte ich einen Hefter an und schrieb aus den Romanen Details heraus, damals gab es ja noch keine Kopierer. Mir war völlig klar, dass ich später einmal zu den Indianern gehen würde. Ich las auch mit großer Begeisterung den Indianerroman »Im Land der Salzfelsen« von Sat Okh, einem kanadisch-polnischen Autor, über den ich damals nichts wusste. Das war das einzige Mal, dass ich an den Schriftstellerverband der DDR geschrieben habe. Ich bat um einen Kontakt zu Sat Okh, dem ich gern mitteilen wollte, wie wichtig sein Buch für mich sei. Falls er aber schon zu alt sei, sollten sie mir die Adresse von seinem Sohn geben. Die haben nie geantwortet.

Zum literarischen Schlüsselerlebnis wurde meine erste große Liebe, Sergej, ein russischer Austauschschüler. Ich war damals, o Gott, vielleicht fünfzehn oder so. Bis dahin hatte ich vor allem historische Geschichten und Abhandlungen gelesen, er aber kannte ganz andere Sachen und fragte: »Du bist Deutsche, du kennst nicht Borchert, du kennst nicht Remarque? Du kennst nicht Böll?«

Und ich: »Nein, nie gehört.« Ich lieh mir das alles aus und las es, dazu auch die ganze DDR-Literatur. Manche Sachen bekam ich auch deutlich zu früh in die Hände, Proust etwa legte ich bald wieder weg.

KE: Irgendwann trat aber das Fernsehen auch in dein Leben und hat es vielleicht verändert?

DM: Ja, auf jeden Fall. Mein erstes bleibendes Fernseh-erlebnis war ein Film mit Tilla Durieux, die ab 1905 auch am Deutschen Theater gespielt hatte. Sie wurde mein großes Vorbild. Wir hatten inzwischen einen Fernseher und manchmal, wenn es mir mit der Schule zu anstrengend war, hielt ich das Fieberthermometer morgens in die Teetasse. Meine Mama, die Lehrerin, war sehr streng, es musste schon eine überzeugende Temperatur erreicht werden. »Mama, mir geht es heute nicht so gut.« War sie dann weg, setzte ich mich vor die Röhre und sah diesen Fernsehfilm: »Das Fässchen«.

Die alte Tilla Durieux spielte darin die Hauptrolle, eine schwerreiche Frau. Alle ihre Verwandten hoffen, dass sie endlich stirbt, weil sie an ihr Geld wollen. Da kommt einer auf die Idee, ihr jeden Tag ein Fässchen Wein zu bringen, in der Hoffnung, dass sie sich tot trinkt. Sie war immer geizig, eklig und miesepetrig gewesen, doch jetzt trinkt sie täglich ihr Fässchen Wein und blüht auf! Sie wirft ihr Geld zum Fenster hinaus, kauft sich lauter schöne Sachen. Ihre Verwandten sind völlig sprachlos. Ich saß vor dem Fernseher, das werde ich nie vergessen, und dachte: »Was ist denn das für eine Wahnsinns-Schauspielerin?«

Ich lachte und weinte, so sehr hat mich dieser Film berührt, und gleichzeitig begriff ich fasziniert, wie man eine Geschichte überzeugend erzählen kann.

1 Dagmar Manzel

2 Dagmar mit Löwenbaby

3 Die Eltern Annemarie und Paul Manzel

4 Als Marthe Schwerdtlein im »Urfaust«, 1979

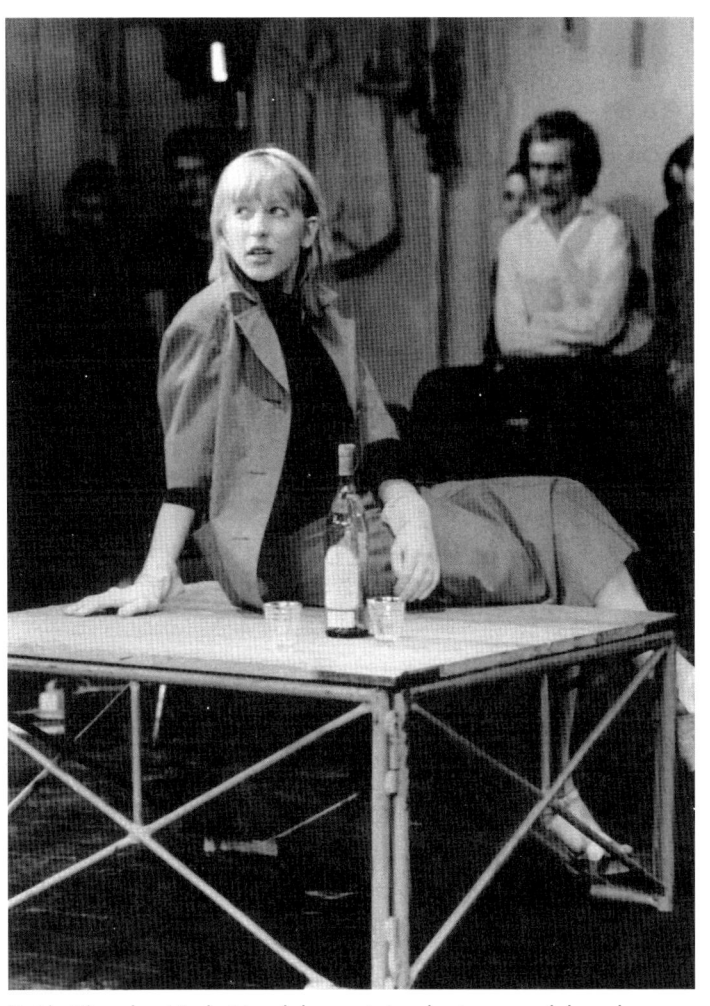

5 Als Klara in »Maria Magdalena«, Intendantenvorspiel an der
Schauspielschule, 1980

6 In »Maria Stuart«, Staatstheater Dresden, 1981

7 Fronturlaub, 1982

8 Mit Gudrun Okras in »Don Karlos«, 1982

9 »Das Schwitzbad«, Staatstheater Dresden, 1982

10 Auf dem Dach in der Oranienburger Straße

11 Mit Simone von Zglinicki u. a. in »Der Kaufmann von Venedig«, 1985

12 Mit Käthe Reichel in »Die Fliegen«, 1987

13 Mit Thomas Neumann in »Offene Zweierbeziehung«, 1988

14 Neunziger Jahre

15 »Coming out«, mit Dirk Kummer (links) und Matthias Freihof,
an der Kamera Regisseur Heiner Carow, 1989

16 Szenenfoto aus »Coming out«, mit Matthias Freihof, 1989

17 Mit Heiner Müller bei Proben, 1990

18 Mit Ulrich Mühe

19 Neunziger Jahre

Ich las dann alles über Tilla Durieux, über ihr Leben, über ihren zweiten Mann, den großen Galeristen Paul Cassirer. Sie war die bedeutendste Schauspielerin im Berlin jener Jahre und ein herrliches Enfant terrible, das sich mit vielen Leuten anlegte.

Eine ebenso kraftvolle, großartige Darstellerin, die ich sehr verehre, war Käthe Dorsch. Über sie gibt es diese schöne Geschichte: Sie verabreichte dem bekannten Kritiker Hans Weigel vor dessen Wiener Stammcafé wegen eines Artikels, über den sie sich maßlos geärgert hatte, eine saftige Ohrfeige. Eine klare Ansage und ein handfester Theaterskandal, der sogar zu einem vielbeachteten Prozess führte.

Käthe Dorsch und Tilla Durieux waren in diesem Punkt aus dem gleichen Holz geschnitzt. Der Durieux würde ich so eine Aktion durchaus auch zutrauen.

Intermezzo
Annemarie Manzel, Dagmars Mutter

Dagmar war ein zierliches und liebes Kind, ganz unschein-
bar. Sorgen um sie musste ich mir nie machen. In der Schule
wurde sie von Jahr zu Jahr ehrgeiziger und immer besser.
Sie hat viel gebüffelt und das Abitur mit »sehr gut« bestan-
den. Mit Musik kam sie von klein auf in Berührung, da
mein Mann und ich große Opernfans waren. Unser sonn-
tägliches Ritual war »Kinderwecken mit Klassik«. Sie fing
früh zu lesen an, wir hatten viele Bücher, und sie spielte
uns zu Hause schon als Kind gern etwas vor. Ihr Lachen
klang dabei genau wie heute, wenn sie auf der Bühne lacht.
Ich habe sie oft begleitet, war bei Proben und natürlich bei
den Premieren dabei und bin so immer mehr in das Thea-
ter hineingewachsen. Aber dennoch bin ich jedes Mal auf-
geregt, wenn ich sie auf der Bühne sehe. Die Schauspielerin
Gudrun Okras sagte mir mal auf der Treppe im Theater in
Dresden: »Aus der Dagmar wird mal was ganz Großes!«
Da hat sie sich nicht geirrt. Ich bin sehr stolz auf sie und
bewundere sie wirklich sehr, aber manchmal habe ich auch
Angst um Dagmar. Sie braucht mehr Ruhephasen. Wie oft
habe ich von ihr gehört: Ich kriege das noch hin. Sie ist eben
sehr neugierig, will alles ausprobieren, alles kennenlernen.
Ich finde es schon verblüffend, wie vielseitig sie ist. Da
komme ich oft nicht mehr hinterher, was sie alles macht,
aber irgendwie packt sie das alles. Sie ist eben ein ungewöhn-
liches Arbeitstier, das hat sie vermutlich von mir. Ich war

als Lehrerin auch mehr in der Schule als zu Hause. Ich wollte immer gut sein. Dagmar ärgert sich auch heute noch über den kleinsten Versprecher. Eine Perfektionistin. Trotz ihres Pensums schafft sie es, ihre Freundschaften zu pflegen. Sie ist sehr harmoniesüchtig und möchte keinen Streit, sie ist ein großherziger Mensch im Großen wie im Kleinen, der gern Geschenke macht und die einfachen Dinge liebt, eben auch, für ihren Sohn Paul eine kräftige Kartoffelsuppe zu kochen. Ich bin glücklich darüber, dass sie nie abgehoben ist.

»Ich brauche Harmonie in der Arbeit«

KE: Du bist in einer großen Familie aufgewachsen, wie viele Geschwister hast du?

DM: Ich habe zwei Schwestern und zwei Brüder. Mit meiner leiblichen Schwester Uta und meinem Bruder Rüdiger wuchs ich zusammen auf. Wir hatten wenig Platz, lebten zu dritt in einem Raum. Man musste irgendwie versuchen, sich mit den Geschwistern zu arrangieren. Ich bin aber auch gern rausgegangen, auf unseren wunderschönen Hof, da haben wir mit vielen Kindern gespielt, bis es dunkel wurde. Meine Eltern verwöhnten mich etwas, weil ich die Jüngste war, das Nesthäkchen. Als Nachzüglerin konnte ich mir vieles herausnehmen, was meinen Geschwistern nicht erlaubt war. Ich bin durch meine Eltern zu Bescheidenheit, Demut, Solidarität und Mitgefühl erzogen worden. Ihnen verdanke ich meine Freude am Leben, an der Arbeit und die Fähigkeit, mich selbst nicht so wichtig zu nehmen, zurückzutreten und dankbar zu sein.

Wir hatten eine glückliche Kindheit in Friedrichshagen, umgeben von Wald. Jedes Wochenende mussten wir mit den Eltern spazieren gehen.

Im Nachhinein finde ich es eigentlich sehr schön. Ich weiß noch, wie stolz mein Vater immer davon erzählte, dass die Manzels Mitbegründer von Friedrichshagen gewesen wären, was meine Mutter nie so recht geglaubt hat.

Schon früh las ich Bücher von Bruno Wille, Wilhelm Bölsche und Peter Hille, die alle zum legendären Friedrichshagener Dichterkreis gehörten. Der Weg zum Friedhof, auf dem viele meiner verstorbenen Verwandten und Freunde liegen, führt an dem Haus Johannes Bobrowskis vorbei. Seine Gedichte öffneten mir die Tür zur Poesie und sein »Der Vogel, weiß« begleitet mich schon mein Leben lang. Es ist eine ganz stille, kaum hörbare Beschreibung von Abschied, von der Schönheit im Jetzt und der Sehnsucht nach einem Danach.

Gleich gegenüber unserem Haus lag die Spree, durch den kleinen Wald gingen wir nach »Kamerun« zum Schwimmen. Diese Gegend in Köpenick mit Friedrichshagen, mit dem Müggelsee, ist einfach wunderschön. Das gehört alles noch zu Berlin, aber wenn wir ins Zentrum fuhren, sagten wir immer: »Wir fahren in die Stadt.«

KE: Als Zentrums-Berliner frage ich: Wo liegt dieses »Kamerun«?

DM: »Kamerun« ist ein Badestrand an der Spree. Der lag für uns ganz nahe, wir sammelten auf dem Weg dorthin im Birkenwäldchen Pilze. Es war wirklich eine schöne Kindheit. Am Wochenende kamen die Großeltern und meine Großtante zu Besuch, es war immer voll bei uns. Wie meine Mutter das nur alles geschafft hat! Unfassbar! Sie arbeitete als Lehrerin, kümmerte sich um drei Kinder und am Wochenende um die Schwiegereltern. Das muss man sich mal vorstellen. Sie hat immer gekocht, Kuchen gebacken, Wäsche gewaschen. Unten im Keller wurde gewaschen, dann mussten wir oben in der Badewanne fünfmal spülen. Irgendwann gab es dann eine Schleuder, auf die man sich setzen musste, damit sie nicht wegrutschte, aber das war schon Luxus.

Gebügelt hat sie auch noch alles, und nicht zu vergessen, sie musste sich auf den Unterricht vorbereiten. Meine Mutter behütet mich noch heute, sie ist immer für mich und meine Kinder da. Sie ist eine so starke und schöne Frau und besitzt, trotz des frühen Verlustes ihrer Mutter, trotz Krieg, Vertreibung, des schweren Alltags mit Studium, Arbeit und Erziehung von drei Kindern, dem frühen Tod ihres geliebten Mannes, eine scheinbar nie versiegende, lebensbejahende Energie. Eigentlich möchte ich sie immer nur umarmen. Wir telefonieren mehrmals am Tag miteinander. Mama kommt in all meine Premieren und Konzerte. Wir verbringen viel Zeit miteinander, sie bestärkt und stützt mich, und wenn wir mal ein Problemchen haben, heißt es bei uns immer:

»Wird schon werden, mit Mutter Bären,
mit Mutter Born is ja ooch jeworn,
aber die Schmitten hat jelitten,
und der Specht, der jeht's schlecht.«

KE: Deine Mutter habe ich kennengelernt, Tante Gerda nicht mehr. Erzähle mir bitte etwas von dieser Großtante, die offenbar eine große Rolle in deinem Leben spielt.

DM: Ja, Tante Gerda. Meine Mutter hat letztens gesagt, als sie mit mir durch meinen Garten gegangen ist: »Tante Gerda würde sich so freuen.« Gerda war die Tante meiner Mutter, meine Großtante. Die Familie kam aus der Niederlausitz. Sie hatten eine Tuchfabrik auf der heutigen polnischen Seite, am Kriegsende mussten sie fliehen. Sie bauten eine Scheune aus, wo sie zu siebt oder acht lebten, dazu kamen zeitweise noch mehr Leute. Diese Scheune, eher so eine Art Gartenlaube, war mein Haus der Kindheit. Es sah ziemlich morbide aus, die

Decke hing durch, der Putz rieselte herab. Aber es war wunderschön. Es lag mitten in der herrlichen, dicht bewachsenen Landschaft im Grenzgebiet. Man konnte dort wunderbar spazieren gehen, Kräuter und Pilze sammeln. Am anderen Flussufer saßen die polnischen Angler. Meine Großtante hatte einen riesengroßen Garten, baute alles an und war sozusagen Selbstversorgerin. Ich besuchte sie jeden Sommer und dachte, irgendwann will ich im Garten leben wie sie. Heute mache ich das, soweit ich es mit der Arbeit koordinieren kann. Von ihr hab ich viel über Pilze, über Pflanzen, über Gartenarbeit gelernt, darüber, wie sehr man sich an Blumen erfreuen kann. Wir stellten Parfüms und Kräutertee selbst her, kochten Holundersuppe. Aber das Schönste war immer: Am Abend, wenn wir von der langen Gartenarbeit völlig erschöpft waren, wurde in heißem Wasser mit Kamillenblüten gebadet, erst sie und dann ich. Das Wasser schöpften wir danach ab und gossen es auf die Blumen. Alles wurde verwertet, alles aufgehoben, ich liebte das. In meinem Garten werfe ich auch nichts weg, weil ich immer denke, das kannst du noch gebrauchen!

KE: Was war sie für ein Mensch?

DM: Sie beeindruckte mich sehr. Gerda hatte Schlimmes durchlebt. Auf der Flucht wurde sie von einem Russen angeschossen und wäre fast verblutet. Meine Mutter war dabei. Gerda hatte seither eine kaputte Hand. Aber sie sprach nie böse darüber, dabei hätte sie damals sterben können. Sie war immer sehr positiv, lebensbejahend, trotz des Leids, das sie ertragen musste. Sie fing buchstäblich bei Null an, in tiefer Armut, mit Plumpsklo, Kaninchen und Hühnern, und sie war wirklich ganz bescheiden. Mich zog das sehr an. Es war mein zweites Zuhause, nicht nur im Sommer, ich besuchte sie auch im Winter, selbst als meine Tochter Klara schon geboren war. Manche meditieren heute in Klöstern, ich fuhr zu meiner Tante. Bei ihr stand ich immer früh auf, trank Zitronenmelissentee und ging dann gleich raus in den Garten.

Sie war streng gläubig, katholisch wie die ganze Familie mütterlicherseits. Meine Mutter hat mich aber nicht taufen lassen, dazu habe ich mich später selbst entschieden. Das war ein sehr wichtiger Abschnitt meines Lebens, mit dem ich mich noch heute sehr verbunden fühle. Gerda prägte mich auch durch ihre Toleranz, nie drängte sie mich, in die Kirche zu gehen oder mit ihr zu beten.

KE: Kommt aus ihrer Richtung vielleicht auch etwas von deiner künstlerischen Begabung?

DM: Vielleicht. Sie hatte als junge Frau eine schöne Sopranstimme und nahm Gesangsunterricht, sie war eben eine Tochter aus gutem Hause. Zum Essen wurde geläutet. Es muss traumhaft gewesen sein, meine Mutter schwärmt noch heute davon. Tante Gerda besaß nur ein Radio, ich schenkte ihr einen Plattenspieler, manchmal hörten wir abends Musik. Manchmal sagte sie: »Komm, jetzt gehen wir Fernsehgucken.« Dann gingen wir mit Vogelfutter auf die Terrasse und beobachteten Vögel. Das mache ich jetzt auch wieder. An meinem Küchenfenster steht eine schöne Robinie, da sitze ich gern mit Freunden und freue mich über die vielen Vögel, die nah am Fenster ihr Futter holen und sich von den still hinter der Scheibe leidenden Katzen längst nicht mehr stören lassen.

KE: Zurück zu deiner Kindheit. Du hast schon beschrieben, dass Kunst für dich einen Freiraum schuf. Dass diese Beschäftigung dann doch recht früh umschlug in den Wunsch, Schauspielerin zu werden, wirkt auf mich sehr zielstrebig.

DM: Ja, komisch, das wirkt im Nachhinein so, war aber ganz anders.

Ich muss jetzt gerade an meinen Sohn Paul denken, der nicht Schauspieler wird. Ich bin fasziniert davon, wie zielstrebig, aus einer absoluten Ruhe kommend, er seine Entscheidungen trifft, die dann immer richtig sind. Bei mir dagegen brach damals Panik aus. O Gott, was mach ich? Ich wusste überhaupt nicht, was ich studieren sollte. Eigentlich wollte ich im Museum arbeiten. Ich dachte mir, wie schön es doch wäre, dort zu sitzen, immer im Trocknen, und die ganze Zeit in Ruhe zu lesen, denn so viele Leute kommen ja nicht ins Museum. Dann dachte ich an Archäologie, aber dafür musste man ein glänzendes Zeugnis haben. Zwar war ich eine gute Schülerin, aber so herausragend nun auch wieder nicht, das strich ich also.

Die Eltern meiner Freundin Puki arbeiteten bei der Wasserwirtschaft. Das wollte sie studieren, Wasserwirtschaft. Da ich immer noch keine Ahnung hatte, was ich werden sollte, wollte ich mich auch bei der Wasserwirtschaft anmelden. Ich wollte bloß nicht allein sein beim Studieren. Gut, dass ich es nicht gemacht habe. Sie wechselte nämlich schon nach einem Jahr. Zu dieser Zeit war ich nicht viel unter Menschen, lebte eher zurückgezogen und war meist zu Hause. Ich fremdele auch heute noch ein bisschen. Ich mag diese lauten Auftritte wichtiger Persönlichkeiten nicht und habe meine Freude daran, wenn ich unbemerkt bleibe. Ich kann mich an meine erste Preisverleihung erinnern, bei der viele Fotografen total ausrasteten, als eine blonde, gut aussehende Frau den Raum betrat. Ich weiß bis heute nicht, wer das war. Wenn ich mich einigermaßen wohl und sicher fühle, dann läuft es gut für mich. Ich brauche vor allem Harmonie, privat und in der Arbeit.

KE: Es gibt ja Kollegen von dir, die genau das Gegenteil brauchen. Die den Widerspruch nutzen, um Produktivität freizusetzen.

DM: Bei mir ist es wirklich genau umgekehrt. Ich brauche ein totales Grundvertrauen, keine Konkurrenz oder hinterhältige, bösartige Versuche, den anderen auszuspielen. Ich bin da ganz pur und gebe mich voller Vertrauen hin. Wenn dieses harmonische Gefüge in meiner Arbeit zustande kommt, werde ich frei. So war es schon in der Schulklasse. Die kannten mich alle, sie waren wie die eigene Familie. Da habe ich mich dann auch wie zu Hause völlig ungezwungen benommen. Aber ansonsten bin ich kaum rausgekommen, ging nicht mal zum Tanzen. Ich habe mich immer in meinem Ort, in Friedrichshagen, wohl und zu Hause gefühlt und hatte meine Inseln, auf die ich mich zurückzog. Auf der anderen Seite war ich aber auch der Klassenclown, machte immer Witze und genoss das Lachen.

KE: War eure große Familie offen, gesellig?

DM: Ja, es war immer viel los bei uns. Mein Vater war ein großer Geschichtenerzähler. An den Wochenendabenden wurde getrunken und geraucht. Unser Nachbar, der Maler Gottfried Richter, kam oft herüber. Mein Vater hatte eine knarrende Stimme, und so lachte er auch. Ich habe erst spät erfahren, dass mein Vater selbst Gedichte geschrieben und eine Operette verfasst hatte und im Alter von gerade mal zwanzig Jahren mit einem

Freund sogar eine Filmfirma gründen wollte, die »Roma« heißen sollte, abgeleitet von ihren Familiennamen Robischek und Manzel. Sie besorgten sich eine Kamera und fotografierten die schönsten Mädchen in der Bölschestraße in Friedrichshagen, unter dem Vorwand, sie für einen Film zu casten. Ob nähere Bekanntschaften dabei entstanden sind, konnte ich meiner Mutter nicht entlocken. Es war alles so extrem in seinem Leben. Er saß fünf Jahre in Kriegsgefangenschaft, sprach aber wie viele aus seiner Generation niemals darüber. Befragen konnte ich ihn nicht mehr, weil er früh gestorben ist. Wenn ich nachts nach Hause kam, saß mein Vater manchmal am Fenster und wartete auf mich. Er konnte nicht schlafen. Ich vermute, weil ihn nachts die Bilder eingeholt haben. Bestimmt hat er Schlimmes erlebt. Diese Generation hatte es nicht gelernt, ihre Traumata aufzuarbeiten, sie wurde auch nie psychologisch betreut.

Bei den Flüchtlingen heute gibt es so viele Parallelen, über die ich jetzt oft nachdenke. Mein Vater hatte merkwürdige Ängste. Wir mussten bei Gewitter die Stecker rausziehen, das Licht ausschalten und den Gashahn abdrehen. Er war unglaublich furchtsam. Auf der anderen Seite war er ein richtiger Kerl. Er hatte riesige Hände und machte alles selbst, reparierte Uhren, baute Autos auseinander- und wieder zusammen. Aber als unser Wellensittich starb, weinte er stundenlang. Er hatte ein großes Herz.

KE: Er hat sich vermutlich wie viele aus dieser Generation voll und ganz in die Arbeit geworfen?

DM: Genau, er war als überzeugter Kommunist aus der russischen Gefangenschaft zurückgekommen und hätte für andere sein letztes Hemd weggegeben. Er arbeitete sehr hart, stand früh um vier auf und kam abends spät nach Hause. Vater war Flugzeugmechaniker. Noch mit Mitte vierzig nahm er in Dresden ein Ingenieurstudium auf. Seine Kinder waren sein ganzer Stolz. Um meinem Papa einen Gefallen zu tun, trat ich an meinem achtzehnten Geburtstag in die Partei ein. An der Schauspielschule merkte ich bald, dass die Leute, die mich interessierten, alle dagegen waren, und alle, die ich nicht so mochte, die waren dafür. Ich dachte: »Da stimmt etwas nicht.« Noch aber wagte ich nicht zu sagen, dass ich wieder 'rauswollte.

Ein paar Jahre brauchte ich noch. Ich wurde schwanger und beschloss, endlich auszutreten. Das ging aber gar nicht. Du konntest nicht einfach austreten, du bist 'rausgeflogen, vor einem Tribunal. Ich war durch meine Schwangerschaft etwas geschützt, sodass sie mich nicht fertigmachten. Aber ich war dann für Gastspiele gesperrt, auch bestimmte Filme konnte ich nicht machen, wie ich erst nach der Wende erfahren habe, aber das ist jetzt auch egal. Einige Kollegen sahen mich nach dem Austritt jahrelang nicht mehr an, bis zur Wende. Ich nahm es ihnen nicht übel und sprach wieder mit ihnen, als sie wieder mit mir reden wollten. Andere kamen und sagten: »Ich würde auch gern austreten, aber mein Sohn möchte studieren.« Das habe ich auch verstanden. Jeder musste es für sich selbst entscheiden. Ich konnte es nicht mehr länger mitmachen, außerdem war ich zu der Zeit schon in der Kirche aktiv.

KE: Wie hat denn dein Vater auf diesen Austritt reagiert? Hat er es überhaupt gewusst?

DM: Mein Vater wusste das natürlich. Er sagte: »Ich weiß, dass du in die Kirche gehst. Und dass du aus der Partei ausgetreten bist. Du kannst alles machen, wenn du nur die Arbeiterklasse nicht verrätst.« Ich verstand, was er meinte.

Ich habe ihn nicht enttäuscht, da ich mich bis heute als Arbeiterin sehe. Die Berliner Schauspielschule war bis 1981 keine Hochschule, sondern eine Fachschule, also ich bin Facharbeiterin für Schauspielkunst. Ich sehe mich sehr bewusst als Facharbeiterin, weil ich mir alles in diesem Beruf erarbeitet habe. Meine Lebenserfahrung, mein Talent, alles, was auf mich eingewirkt hat, schlägt sich in der Art nieder, wie ich spiele. Aber zunächst erlernte ich gründlich das Handwerk, also gehöre ich zur Arbeiterklasse. Punkt.

KE: Das Verständnis deines Vaters ist schon erstaunlich. In seinem Wesen scheint es zwei sehr verschiedene Seiten gegeben zu haben, Schwermut und Heiterkeit, die sich aber vielleicht bedingten?

DM: Ja, auf der einen Seite dieses Schwere, Melancholische. Es wäre vielleicht übertrieben, von Depression zu sprechen, doch er zog sich manchmal sehr zurück, wie ich es auch tue. Auf der anderen Seite hatte er dieses Gesellige, lud alle ein. Es gab immer viel zu Essen und zu Trinken, es wurde gelacht und erzählt. Natürlich hatte ich da meine ersten Auftritte. Ich versuchte, in der Runde Witze zu erzählen, die recht unterschiedlich ankamen. In der Straßenbahn, mit der wir morgens zur Schule fuhren, setzte ich das fort. Ich mochte das, etwas lauter zu reden und dann zu bemerken, da schmunzeln einige, also ist der Witz gut angekommen. Ein Junge, den ich flüchtig kannte, wurde Schauspielschüler, und ich dachte, wenn der auf der Schauspielschule ist, vielleicht siehst du den später irgendwo wieder, hatte aber keinen weiteren Kontakt zu ihm. Meine Freundin Heike sagte: »Warum bewirbst du dich nicht auch dort?« Ich entgegnete sofort: »Vergiss es!«

Noch lange ging es hin und her. In den Sommerferien arbeitete ich im Kaufhaus, in der Unterwäscheabteilung, in der Kaufhalle, in der Schule, im Hort. Auch im Chemielabor habe ich mal gearbeitet und diese Ampullen ausgewaschen, um das Taschengeld aufzubessern. Wir waren wirklich nicht reich, zum Beispiel besaßen wir als Familie nur ein Fahrrad. Irgendwann stand fest, dass ich Sekretärin werde, weil ich im Sommer öfter in der Wohnungsverwaltung arbeitete. Eigentlich hab ich da immer nur Akten sortiert, aber ich machte das ganz gern. Ich lernte sogar schon, auf der Schreibmaschine zu tippen, dann wurde mir klar, hier Sekretärin zu werden hätte bedeutet, immer nah am Friedhof zu sein. Da befand sich die Wohnungsverwaltung in Friedrichshagen damals, in einer Baracke. Ich dachte: »Du sitzt dann da und guckst auf den Friedhof. Da liegt schon meine ganze Verwandtschaft. Furchtbar. So beschloss ich, es doch an der Schauspielschule zu probieren. Ich fragte die Deutschlehrerin ganz naiv, ohne die Bewerbung zu erwähnen – sie war, als sie es im Nachhinein erfuhr, ein bisschen sauer auf mich – was für eine Rolle sie sich für mich vorstellen könne. Ein Freund wolle so ein Stück machen, irgend etwas. Sofort sagte sie: »Die Luise aus ›Kabale und Liebe‹ ist doch eine schöne Rolle«, und schlug noch einen Radiomonolog der Autorin Gisela Steineckert vor. Die Texte gab sie mir. Ich sagte immer noch nichts und lernte das auswendig. Zu Hause hatten wir einen großen, braunen Kachelofen, den ich beim Üben immer anspielte.

Heimlich meldete ich mich dann wirklich beim Eignungstest der Schauspielschule an. Niemand wusste es, außer Heike. Ich bat sie, sich anzuschauen, was ich geprobt hatte. Sie saß auf dem Fußboden, in einer Ecke. Guckte mehr nach unten als zu mir, und ich stand am Ofen und versuchte, die Luise zu spielen. Für den Monolog stellte ich mich auf einen Stuhl, das hatte ich mir so schön dramatisch vorgestellt. Am Schluss sagte sie schlichtweg: »Naja, mach doch.«

Also ging ich zum Eignungstest. Wir von der Russisch-Spezialschule galten schon ein wenig als auserlesen. Die Besten der anderen Schulen kamen da hin. Schwänzen gab es nicht, schon Zuspätkommen war unüblich. Heike, die Klassenbeste, und ich schwänzten beide zum ersten Mal, wirklich niemand wusste davon, auch meine Eltern nicht. Das war viel schlimmer als diese Aufnahmeprüfung selbst! Wir wollten mit der Straßenbahn zur Schauspielschule fahren, ausgerechnet an diesem Tag kam die Bahn nicht, es wurde langsam knapp. Heike sagte: »Jetzt musst du trampen.« Sage ich: »Ich kann doch nicht in der Stadt trampen, spinnst du?« Und sie: »Wenn du Schauspielerin werden willst, musst du dich so etwas trauen.« Ich stellte mich also wirklich hin und … kein Mensch hielt an.

Wir kamen etwas zu spät zur Schauspielschule, aber es machte nichts.

Dann war ich in diesem Eignungstest … soll ich das jetzt erzählen?

KE: Jaja, klar.

DM: Ich rede ja wie ein Wasserfall. Der Eignungstest. Heike wartete in der Kantine, nein, in der Mensa heißt das – Mensa, tolle Bezeichnung, fanden wir. Ich saß inzwischen mit den anderen im Probenraum, und die spielten hintereinander weg. Ein paar Studenten durften zugucken. Die haben mir später erzählt, dass sie wirklich unter den Bänken gelegen hätten, weil ich so unfreiwillig komisch war mit meinem starken Berliner Dialekt. Dabei hatte ich mir gedacht, als ich den anderen zusah: »Also, so falsch ist das nicht, was du geprobt hast. Vielleicht doch in Ordnung, schön laut und so.«

Dann war ich dran und sagte ganz ruhig: »Ich spiel jetzt die Luise aus ›Kabale und Liebe‹. Die Szene mit dem Wurm. Also hier ist die Uhr, da ist der Tisch und da ist der Stuhl. Ick fang dann jetzt mal an, wa?« Die Szene hatte ich mir heftig zusammengestrichen: »Hat unsre Seele nur eenmal Entsetzen jenuch in sisch jetrunken, so wird dit Ooge in jedem Winkel Jespenster sehn.«

Sie brüllten alle vor Lachen. Das muss so komisch gewesen sein, dabei spielte ich mit großem Ernst, mit großer Empathie. Dann fragte die Kommission: »Haben Sie denn noch etwas anderes?« – »Ja, ich habe noch einen Monolog, über eine Elftklässlerin.« Das war natürlich mein Thema, als sei der Text von Gisela Steineckert für mich geschrieben worden. Danach wollten sie noch ein Lied hören. »Ja, ich möchte gerne singen: ›Sag' mir, wo die Blumen sind.‹«

»Also, nein, Dankeschön!« Kein Mensch wollte dieses Lied hören. Dabei ist das so schön. Ich bin hinaus zu Heike und war überzeugt: »Det wird nichts.«

Sie kamen zu uns, zeigten auf einen Bewerber: »Der!« Und der ging dann heulend. Ich kam nicht dran. Alle vor mir wurden abgelehnt, bis auf einen, der drehte total durch. Ich sagte mir, super, den haben sie jetzt genommen, das war es dann. Aber sie kamen auch zu mir und sagten, ich hätte den Eignungstest bestanden, und sollte, mit ein paar Auflagen, zur Prüfung kommen. Ich rief

Heike zu: »Det gloobt mir keena!« Nie werde ich vergessen, wie ich es zu Hause erzählte, an dem kleinen Tisch in unserer schmalen Küche. Mein Vater hatte zwei Sitzbänke gebaut, auf denen wir saßen und Abendbrot aßen.

Ich sage leise: »Ähm, ich wollt euch mal was sagen.« – »Ja? Was denn?« – »Ich habe heute den Test an der Schauspielschule bestanden.« Meine Schwester: »Was? Du? So wie du aussiehst?« Sie hat so einen köstlichen Humor. »Ja, das hab ich!« Es herrschte Totenstille, bis mein Vater fragte: »Was hast du?« – »Ich hab' heute an der Schauspielschule den Eignungstest bestanden.« Dann brach große Freude aus. Trotzdem bereute ich, dass ich es erzählt hatte, auch an der Schule, weil ich noch die eigentliche Prüfung bestehen musste, bei der viele durchfallen. Ich dachte: »Jetzt wissen sie alle, dass du Schauspielerin werden willst, fällst du durch den Test, wissen es auch alle. Immer wieder deine große Klappe, Manzel.«

Mein Chemielehrer holte mich dann zur Kontrolle an die Tafel mit den Worten: »So, nun wollen wir doch mal die angehende Schauspielerin fragen, was sie uns zur Titrationskurve und den Puffereigenschaften von Aminosäuren erzählen kann.« Ich habe dann die Eignungsprüfung bestanden und ich kann mich noch genau daran erinnern, wie ich nach Hause kam. Meine Eltern und meine Schwester wussten diesmal, dass ich die Prüfung hatte. Sie standen an dem großen Kinderzimmerfenster. Ich stieg aus der Straßenbahn und sah diese drei Silhouetten und nickte sehr deutlich. Die drei hinterm Fenster sprangen wild herum und jubelten. Meine Eltern waren glücklich und meine Schwester war es auch. Sie kommt heute zu vielen Vorführungen, auch mehrfach. Ich liebe es, wenn meine Schwester Uta klar sagt, wenn ihr etwas mal nicht gefällt und wie sie dann andererseits voller Begeisterung und Leidenschaft Anteil an meiner Arbeit nimmt. Sie baut mich sehr auf. Manche Vorstellungen in der Oper hat sie schon zigmal gesehen.

Mein Vater sah »Offene Zweierbeziehung« im Deutschen Theater drei Mal. Er war schon fast blind und saß in der ersten Reihe. Ich hörte immer sein tiefes, knarrendes Lachen heraus, er lachte so gern, und er hat mir in tiefen Krisen so sehr geholfen. Noch als ganz junge Schauspielstudentin, ich war dreiundzwanzig Jahre alt, spielte ich meine erste Rolle in »Jutta oder Die Kinder von Damutz«. Das Stück wurde wegen des großen Erfolgs vom DDR-Fernsehen in Karl-Marx-Stadt aufgezeichnet. So sah ich mich zum ersten Mal auf dem Bildschirm, war zutiefst erschrocken und schrieb einen Kündigungsbrief an den Regisseur Horst Schönemann, den ich sogar noch besitze. Als ich ihn jetzt wieder gelesen habe, musste ich lachen und weinen zugleich, weil ich mich mit zwanzig Jahren in einer so tiefen Verzweiflung befand. Da stehen Sätze wie: »Ich bin eine Zumutung auf der Bühne für jeden Kollegen. Ich weiß nicht, wie ich diesen Beruf ausüben soll. Ich bin jetzt schon am Ende.« Dann setzte ich mich auf das Fensterbrett, starrte auf den riesigen Marx-Kopf, rief meine armen Eltern an und sagte, dass ich mich jetzt umbringen werde. Mein Vater tat genau das Richtige, er brachte mich mit einem Satz wieder zurück ins Leben: »Ich bestelle jetzt sofort ein Taxi und komme nach Karl-Marx-Stadt.« Die Vorstellung, zu Ostzeiten einfach ein Taxi zu bestellen und dann für unglaublich viel Geld nach Karl-Marx-Stadt zu fahren, wenn der Taxifahrer sich überhaupt darauf einlassen würde, war so absurd, dass ich dann doch beschloss, weiterzuleben. Aber dieses Erlebnis war wohl eine Vorahnung von dem, was noch kommen sollte.

KE: Wie bist du denn mit dieser tiefen Unsicherheit an der Schauspielschule zurechtgekommen?

DM: Ich wäre beinahe wieder rausgeflogen, weil sie einfach nicht an mich herankamen, sie waren ganz ratlos. Ich war vollkommen verklemmt, zog den Pullover hoch, verbarg mein Gesicht. Ich fand meine Nase schrecklich und versuchte, sie zu verformen. Das endete stets damit, dass ich einen hässlichen roten Strich über dem Nasenrücken hatte.

KE: Du hast die Nase hochgedrückt?

DM: Ja, ich wollte eine Stupsnase haben. Meine Schwester meinte immer: »Mit deiner langen Nase kannst du die Tür von Weitem aufmachen. Und wenn du mit deinen abstehenden Ohren aus dem Fenster springst, landest du weich.« Diese typischen Geschwister-Witze eben. Ich liebe ihren Humor, er hat mich geprägt. Ich muss heute noch über ihn lachen.

Aufgeblüht bin ich immer im Etüdenseminar mit Anke Heimlich, der ich viel zu verdanken habe, denn sie brachte meine Phantasie zum Blühen. Sie stellte zum Beispiel einen Vogelbauer und einen Hocker auf die Bühne, dazu sollten wir uns Geschichten ausdenken. Davon war ich gar nicht wegzubekommen. Ich spielte und spielte, mit dem Vogel, der wegfliegt, mit der Frau, die da sitzt. Ich spielte meine Geschichten und vergaß alles andere vollkommen. Wenn ich dagegen bestimmte vorgegebene Sätze sagen sollte, festgelegte Haltungen spielen musste, bekam ich das überhaupt nicht hin. Ich wusste nie, was sie von mir wollten. Sie verzweifelten an mir, bis Johanna

Clas zu uns kam. Sie war eine Schauspielerin am Deutschen Theater, die nie große Rollen spielte und einen wunderbaren Humor hatte. Sie sagte einfach: »Gebt mir mal das Problemkind Dagmar« und probte mit mir die Tomatenkarla aus dem Stück »Die seltsame Reise des Alois Fingerlein« von Rainer Kerndl. Ich hatte es im Maxim-Gorki-Theater mit Uwe Kockisch in der Hauptrolle gesehen. In diesem Berliner Theater war ich oft, denn dort inszenierte Thomas Langhoff, den ich sehr verehrte.

Die Tomatenkarla ist eine Bodenständige, Ursula Werner spielte sie damals. Die Rolle lag mir sehr, die Leute haben so gelacht. Zum Glück war Thomas Langhoff bei einem Vorspiel dabei und entdeckte dieses komödiantische Talent an mir. Damals schien es selbstverständlich zu sein, dass ich eine Komödiantin werde. Dennoch spielte ich später auch viele große tragische Figuren, was natürlich zusammengehört.

Intermezzo
Paul Kaloff, Dagmar Manzels Sohn, geboren 1996

Meine Mutter hat mich schon sehr früh zu Vorstellungen mitgenommen. Ich stand an der Seite, sah die Bühne und das Publikum. So wurde mir schon bald klar, dass da Menschen kommen und bezahlen, um ihr beim Spielen zuzuschauen, dass sie eine bekannte Künstlerin ist. Noch heute ist es schwer für mich, sie als ein und dieselbe Person zu sehen, die im Fernsehen in einem »Tatort« spielt und dann hier zu Hause durch die Küche wirbelt. In der Schule sprachen mich manchmal Lehrer auf sie an. Peinlich war mir das nie, ich habe mich eher darüber gefreut, wie beliebt sie ist.

Sie war nie eine strenge, sondern eine sehr herzliche, liebevolle Mutter, die trotz ihres enormen Arbeitspensums doch alles gut in den Griff bekam. Ich hatte nie das Gefühl, alleingelassen zu werden. Sie hat immer versucht, uns eine glückliche Familie zu schaffen, wozu auch gehört, dass sie erfolgreich Streit schlichten kann.

Wir reden oft über ihre Arbeit. Ob sie eine herausragende Schauspielerin ist, kann ich unmöglich einschätzen, das fällt mir aber auch bei anderen Darstellern schwer. Im Theater sehe ich mir meine Mutter hin und wieder an, vermutlich aber würde ich in diese Musicals und Operetten nicht gehen, wenn sie nicht mitspielen würde. Aber da ich die Stücke, anders als viele Zuschauer, gar nicht kenne, ist das immer auch so ein Stück Bildung für mich, und die Geschichten sind meist altbewährt und gut. Für diese Aufführungen kann sie mühelos seitenlange Texte auswendig lernen, aber die Zeit hat sie nicht im Griff. Sie fährt oft zu spät los und kommt unpünktlich.

Anders als meine Schwester hatte ich nie den Wunsch, selbst zu spielen. Ich stand mal in einer Kirchenaufführung auf der Bühne, und danach war für mich klar, dass ich auf keinen Fall diesen Beruf ergreifen will. Das war kein Abwehrreflex gegen den Ruhm meiner Mutter. Es liegt mir einfach nicht.

»Ich freue mich, dass ich älter werden darf«

KE: Heute scheint es mir, dass du eher selten in Komödien spielst, im Film zumindest.

DM: Für den Film stimmt das, im Theater sieht es anders aus. Nimm ein Stück wie »Gift«, das ist nun wirklich sehr tragisch. Aber es gibt auch sehr viele komische Momente, etwa, wenn die weibliche Hauptfigur sich richtig aufregt, dann findet sie diese wunderbaren Bilder, um ihren Mann zu beleidigen, was die Leute im Publikum zum Lachen bringt. Ich mag dieses Schwarze, Unsentimentale, dieses Trockene, das sehr viel mit dem Berliner Humor zu tun hat. Mein Lieblingsspruch kommt zwar nicht aus Berlin, ist aber trotzdem gut: »Hinfallen, Krönchen richten, aufstehen, weiterlaufen.« Mir liegt Selbstmitleid einfach nicht. Selbst wenn man einen der liebsten, nettesten, wertvollsten Menschen, die man nur haben kann, plötzlich verliert, wenn man für immer Abschied nehmen muss, auch dann muss man irgendwie weiterleben, man muss versuchen, sich am Leben zu erfreuen. Schon als Kind kannte ich dieses Auf und Ab. Mit sechs Jahren verlor ich meine Großmutter. Ich war sehr früh schon auf dem Friedhof und eigentlich auch ganz gern.

Komödiantisches finde ich eigentlich in allen Rollen, in »Gift«, »Kiss Me, Kate«, »Ball im Savoy«, und »Eine Frau, die weiß, was sie will!«. Oscar Wilde hat mal gesagt:

»Das Leben ist eine Komödie für jene, die denken, eine Tragödie aber für jene, die fühlen ...« Also, ich spiele schon sehr gern tragikomische Rollen.

KE: An der Komischen Oper auf jeden Fall.

DM: Ja. Wie der Name schon sagt.

KE: Gut, aber da du es gerade angesprochen hast: Wir sind in einem Alter, da rückt die Endlichkeit gewissermaßen näher. Nicht nur bei einem selbst, sondern auch im Umfeld. Freunde rufen an und erzählen von schweren Krankheiten, andere sterben ganz plötzlich. Damit musstest du durch die frühen Verluste schon lange umgehen?

DM: Natürlich ist es so, dass auch ich früh Menschen, die mir sehr lieb waren, verloren habe. Das war wirklich schwer für mich. Und außerdem ... vor acht Jahren war ich selbst schwer krank. Ich hatte Krebs und weiß, welch großes Glück es bedeutet, zu überleben. Seither freue ich mich darüber, dass ich älter werden darf, über jedes Jahr, in dem ich meinen Geburtstag und die Geburtstage der Kinder feiern kann. Das verändert den Blick. Ich denke mir auch, dass die Kinder natürlich ein großer Motor waren bei mir. Ich bin überglücklich, zwei wunderbare Kinder zu haben. Aber das waren natürlich wichtige, einschneidende Erfahrungen, der Verlust meines Vaters, von Wolfram Witt, einem meiner engsten Freunde ...

KE: Der Drehbuchautor von »Coming out« ...

DM: Von ihm konnte ich am besten, am leichtesten Abschied nehmen, weil ich bis zu seinem Tod und darüber hinaus bei ihm war. Das ist wirklich eine Erfahrung, die ich an meine Kinder und alle Menschen, die mich fragen, weitergebe: Es ist so wichtig, dass man Abschied nimmt. Von meinem Vater konnte ich mich nicht verabschieden, deshalb war ich fast zehn Jahre nicht fähig, darüber zu sprechen. Abschied nehmen ist heilend.

KE: Manche Kollegen von dir haben den Kampf mit dem Krebs öffentlich geführt, was ich übrigens auch legitim finde.

DM: Ja, natürlich.

KE: Wie kam es zu deiner Entscheidung, das alles für dich zu behalten?

DM: Ich wollte das damals nicht öffentlich machen, weil ich sonst immer die Schauspielerin gewesen wäre, die Krebs hatte. Ich möchte keinen Bonus erhalten: »O Gott, die war so krank, da müssen wir jetzt aber ein bisschen freundlicher schreiben.« Ich will für das, was ich auf der Bühne oder vor der Kamera zeige, beurteilt werden. Dafür möchte ich eine anständige Kritik oder einen Verriss oder eine Umarmung bekommen, für meine Leistung, nicht aus Mitleid. Während der Krankheit machte es mich wahnsinnig, wenn die Leute sagten: »Ach Gott, du Arme!« Ich brauchte diese Form von Mitleid nicht, Hilfe durchaus und Anteilnahme bei den täglichen Dingen, die man durchstehen muss. Da halfen mir viele, meine Familie, die Kinder, Freunde, meine Schwiegermutter. Wer genau hinschaut, wird vielleicht sehen, dass ich meine Erfahrungen gemacht habe, und kann sich etwas zusammenreimen.

KE: Inzwischen sind einige Jahre vergangen, du hast deine Kraft und deine Energie in erstaunlicher Weise erhalten. Warum sprichst du heute von der Krankheit?

DM: Eine Schauspielkollegin, mit der ich zusammen vor der Kamera stand, erzählte mir von ihrem schwer erkrankten Mann. Ich versuchte ihr mit meiner eigenen Erfahrung, mit meinem Kampf gegen den Krebs Mut zu machen. Es mag merkwürdig klingen, aber ich hatte die Krankheit damals angenommen und verstanden, wie sehr sie mich stärkte und veränderte. Einige Jahre später lernte ich ihren Mann am Theater in Wiesbaden kennen. Er dankte mir so herzlich für meine ermutigenden Worte, was mich sehr rührte und froh machte. Vielleicht hilft meine Geschichte auch anderen.

KE: In der Zeit deiner Erkrankung bekam niemand in der Öffentlichkeit etwas mit, darauf hast du sehr genau geachtet.

DM: Sehr genau. Ich hatte eine Glatze in dieser Zeit, ist doch logisch, und trug eine Vollperücke. Florian Gallenberger, der Regisseur des Films »John Rabe« wusste, was los war, als wir zur Verleihung des Deutschen Filmpreises gingen.

Ich sagte zu Florian: »Wenn wir den Preis bekommen, reiße ich meine Perücke ab. Dann gucken alle!« Er flehte: »Nein, Dagmar, mach' es nicht!« Übrigens lobten an dem Abend alle meine Frisur, niemand bemerkte, dass ich eine Perücke trug! Wir gewannen dann den Hauptpreis – die Goldene Lola für den besten Film, aber ich habe das Mützchen draufgelassen.

KE: Einen solchen Abend in der Öffentlichkeit durchzustehen, in dieser Lebenssituation, wie geht das?

DM: Ich war wirklich erschöpft und dankbar, dass mein Freund Sylvester Groth mich begleitete, und ich war froh, als es vorbei war. Mir sind solche Veranstaltungen generell meist zu anstrengend, deshalb freue ich mich auf das Alter. Ich kann dann hemmungslos sagen: »Nein, mache ich nicht. Ich gehe da nicht mehr hin. Bleibe zu Hause mit meinen Kätzchen. Gehe in meinen Garten.«

KE: Das hat seine schönen Seiten, ja.

DM: Ach, einfach herrlich.

KE: Du hast die Operation verschieben lassen und am Tag zuvor noch auf der Bühne gestanden.

DM: Mein Arzt hatte gesagt: »Wir sollten dann und dann operieren, müsste ziemlich schnell gehen, das ist jetzt akut.« Ich hielt dagegen: »Nein, das geht nicht. Ich habe noch vier ausverkaufte Vorstellungen ›Kiss Me, Kate‹ zu spielen, das kann ich nicht machen.« Vom Arzt wollte ich wissen, ob es eine Möglichkeit gäbe, dass es niemand erfährt, weil das wirklich keinen zu interessieren hatte. Ich hatte einfach so ein Gottvertrauen, dass ich dachte: »Na, das wird schon klappen.« Hat es ja auch …

Ich erzählte keinem in der Komischen Oper etwas davon, nur Frau Furmanek, meine Maskenbildnerin, wusste es. Der Arzt verschob die Operation. Ich spielte die letzte Vorstellung, stand beim Schlussapplaus mit diesem Riesenensemble auf der Bühne. Alle weinten, weil wir jetzt eine lange Pause vor uns hatten. Das war im Februar. Für den Oktober waren fünfzehn weitere Vorstellungen in der Kölner Oper geplant. Wir wussten, erst dann sehen wir uns wieder. Die Kollegen sagten, sie würden so gern bis dahin immer weiterspielen, das Wiedersehen läge noch in so weiter Ferne. Ich dachte nur: »Wenn ihr wüsstet!«

Am Schluss liefen auch mir die Tränen. Meine Tochter holte mich nach dieser Vorstellung ab. Am nächsten Morgen lag ich auf dem OP-Tisch.

Im Oktober war ich wieder da.

KE: Und wie hast du die Zeit dazwischen durchgestanden?

DM: Indem ich gegen diese Krankheit sehr aktiv angegangen bin. Ich habe mir einen genauen Plan gemacht, was ich wann tun werde, eine Agenda für jede Woche mit Massagen, Yoga und so weiter. Während dieser schweren Zeit, während der Chemo und den Bestrahlungen, wurde ich so wunderbar von meiner Familie, von meinen engen Freundinnen Ate und Heike und von meinem guten Freund Uwe Hilprecht unterstützt. Er kam während dieses halben Jahres jede Woche zu mir und wir probten für den »Philharmonischen Salon«, wo ich nach den Behandlungen zuerst wieder auftreten sollte, mit Liedern der zwanziger Jahre. Der Cellist Götz Teutsch, Begründer und Regisseur dieses Salons, kam eines Tages zu mir und spielte nur für mich die Cello-Suiten von Bach, die er auch unglaublich schön auf CD eingespielt hatte. Ich war sehr bewegt und bin es immer noch, wenn ich daran denke, dass Götz Teutsch mir meine Lieblingssuiten zu Hause vorspielte. Die Cellosuiten und die Goldberg-Variationen sind mein täglich Brot, und ich kann sie fast mitsingen.

KE: Wir trafen uns damals zum zwanzigsten Jahrestag der Premiere von »Coming out« im Kino International. Ich moderierte den Abend. Du kamst auf die Bühne, und ich sprach dich auf deine kleidsame Kurzhaarfrisur an, ob sie für eine Rolle so geschnitten sei, und sah eine Sekunde lang Irritation auf deinem Gesicht. Hinterher war mir das sehr peinlich, als mir jemand von deiner Krankheit erzählte. Ich wollte mich bei dir entschuldigen, aber du warst sogar froh, dass ich es als Journalist bis dahin nicht wusste, dass es nicht an die Öffentlichkeit gelangt war.

DM: Hinter vorgehaltener Hand wussten es, glaube ich, ziemlich viele. Aber die hielten alle dicht, selbst die Presseleute haben mich, soweit sie es doch wussten, geschützt. Als ich vor Kurzem Stimmprobleme hatte und eine Ruhepause brauchte, gaben wir eine Erklärung heraus: Ich nehme eine Auszeit, ich mache zu viel mit der Stimme. Ich war krank und sang dennoch immer weiter, dabei lässt jeder Sänger doch mal ein Konzert ausfallen. Sie haben mich in Ruhe gelassen, selbst die Yellow Press, über die man so oft schimpft. Klar fragten die nach: »Geht es Ihnen denn jetzt wieder besser?«

Ich sagte einfach: »Ja, mir geht es hervorragend.« Das ist vollkommen okay.

Wenn du zu tief in den Medienbereich eintauchst, kannst du schnell abstürzen oder fertiggemacht werden.

KE: Aber man kann steuern, was man preisgibt oder für sich behalten will? Wo ziehst du die Grenze?

DM: Ganz private Sachen erzähle ich einfach nicht. Das geht auch keinen etwas an.

KE: In einem deiner schönsten Filme, Kai Wessels »Leben wäre schön« von 2003, sagt die von dir gespielte, an Krebs erkrankte Heldin Manja, sie könne doch jetzt nicht so einfach aus ihrem Leben heraustreten. Das war vor deiner eigenen Erkrankung, aber es beschreibt fast prophetisch deine spätere Haltung.

DM: Ja, das stimmt. Ich bin sehr preußisch wie Manja, die sich immer sagt, man muss einen einmal gewählten Weg weitergehen. Dazu kam damals auch ein Umbruch in meinem Privatleben, durch den ich mich von einem Leben verabschiedete, von dem ich geglaubt hatte, es ginge bis zu meinem Tod immer weiter so. Für mich war es deshalb emotional sehr aufgeladen, zu spielen, wie sich Manja durch einen Mann befreit, wie sie auf einmal Erotik und Wildheit entdeckt, vor dem Hintergrund einer wahnsinnigen Landschaft, die eine so urwüchsige, kräftige und abweisende, aber auch existenzielle Schönheit hat. Das bewegte auch in meinem Leben viel.

Als später die Krankheit zu mir kam, konnte ich ganz pragmatisch sagen: So ist die Situation, das ist das Problem. Wie können wir es jetzt lösen?

»Leben wäre schön« gehört zu meinen liebsten Arbeiten. Beate Langmaack schrieb das Buch zu diesem Fernsehfilm, der auf Island spielt. Die an Krebs erkrankte Frau, die nicht darüber reden will, verliebt sich in einen Isländer. Ich habe mich bei den Dreharbeiten in Island verliebt. Seitdem ist das mein Land. Ich fahre hin, wann immer ich kann.

KE: In dem Film gibt es sehr erotische Liebesszenen. So etwas machst du nicht sehr häufig.

DM: Ja, ich war wahnsinnig aufgeregt und dachte zunächst: »O Gott, im Badeanzug, unter der Dusche.« Aber das verlor bald an Bedeutung, weil der Film für mich in diesem Moment so wichtig war. Solche Arbeiten kommen immer in einer bestimmten Phase meines Lebens auf mich zu und haben ganz unmittelbar mit mir zu tun. Aus diesem Grund muss ich das dann machen, und zwar mit ganzer Kraft und leidenschaftlich. An dem Film faszinierte mich die Geschichte einer Frau, die scheinbar völlig kontrolliert und stark ist, die in ihrem Leben und im Beruf alles im Griff hat, bis diese Situation kommt, der sie sich anfangs nicht stellen kann. Für mich war es spannend, diesen inneren Kampf zu zeigen, bei dem sie lernt, dass es etwas gibt, das man nicht steuern, nicht beherrschen kann. Wie setzt man sich dem aus? Wie hält man das aus? Diese Fragen waren der erste Auslöser, warum ich diese Rolle spielen und diesen Kampf zeigen wollte.

KE: Für diesen Film hast du den Grimme-Preis bekommen, es kamen auch andere wichtige Preise wie der »Faust« und der Deutsche Fernsehpreis in deine Sammlung. Wie wichtig sind dir solche Auszeichnungen, was bedeutet dir Beliebtheit?

DM: Ich freue mich sehr, wenn ich Preise und Anerkennung erhalte. Ein Schauspieler geht auf die Bühne, weil er etwas im Zuschauer bewirken will und weil er Anerkennung sucht. Er möchte gesehen werden, sonst würde er das nicht tun. Ich finde es sehr kokett, wenn manche Kollegen behaupten, die Leute interessierten sie nicht. Für mich ist es schon wichtig, dass die Menschen mich mögen und vor allem, dass sie Lust haben, mir zuzuschauen. Selbst in zerstörerischen, irritierenden Momenten möchte ich ihr Interesse wecken.

KE: Bedauerst du manchmal, dass das Theater eine so flüchtige Kunstform ist?

DM: Nein, überhaupt nicht, denn das ist der eigentliche Grund, warum es das Theater immer geben wird. Es lebt vom Augenblick, ausschließlich im Hier und Jetzt. Das ist ja das Schöne daran. Jede Aufführung ist einzigartig und nicht wiederholbar. Es ist die älteste und intensivste Form, mit anderen Menschen in Dialog zu treten.

Intermezzo
Heike Höpcke, Dagmars Freundin

Dagmar und ich sind seit inzwischen fünfundvierzig Jahren befreundet; es begann, als wir in der siebenten Klasse in dieselbe Schulbank gesetzt wurden. Dagmar quasselte sehr gern, ich allerdings war eine extrem ruhige Schülerin, was Dagmar aber überhaupt nicht davon abhielt, munter weiter auf mich einzureden. So führten wir dann doch etliche geflüsterte Gespräche im Unterricht und setzten sie später stundenlang am Telefon fort. Mir war relativ früh klar, dass Dagmar irgendwie eine besondere Begabung hatte, so lebendig wie sie erzählen und kleine Begebenheiten in spannende und lustige Geschichten verwandeln konnte. Darum habe ich sie auch sofort bestärkt, als sie sich für die Schauspielerei als möglichen Beruf zu interessieren begann; ich erkundigte mich für sie, wie man sich an der Schauspielschule bewerben muss, und habe sie zum Eignungstest begleitet.

Vieles von dem, was sie heute auszeichnet, war schon damals in ihr angelegt, ihre Vitalität, ihre ungeheure Energie, ihr Reichtum an ganz unterschiedlichen Emotionen, die sie fast gleichzeitig zeigen kann. Die frühere Scheu oder Ängstlichkeit hat Dagmar durch ihre Lebenserfahrung heute viel besser im Griff, ganz verschwunden ist sie nicht. Dagmar braucht immer eine große Portion Zuneigung – im Privaten genauso wie in den Arbeitszusammenhängen; wenn Dagmar dieses Verständnis spürt, fühlt sie sich aufgehoben und gibt *wirklich Alles, in ihrer offenen und den unterschiedlichsten Menschen sehr zugewandten Art.*

Unsere Freundschaft besteht wahrscheinlich so lange, weil wir auch irgendwie treu sind; jedenfalls hatten wir von Anfang an ein starkes gegenseitiges Interesse, an dem jeweils anderen Leben teilzuhaben und die jeweils andere Art der Beziehung zur Welt mitzuerleben. Ich arbeite in einem wissenschaftlichen Verlag und kann natürlich nicht so aufregende Sachen wie Dagmar erzählen, da stehen ihre Sachen doch eher im Mittelpunkt, zumal sie immer genau wissen will, was ich als Außenstehende, gewissermaßen Betriebsfremde von ihren Arbeiten denke. Aber wenn es beispielsweise um die Kinder und Enkel geht, da gibt es viele Gemeinsamkeiten und auch ähnliche Erfahrungen.

Für mich ist Dagmar wie ein Familienmitglied, darum fällt es gar nicht so leicht, über sie zu reden. Wenn es ja gar nichts zu ändern gibt, weil sie sowieso zu meinem Leben gehört, genauso unabänderlich wie etwa meine Schwestern, denkt man gar nicht so viel darüber nach. Das ist auch das Schöne an unserer Freundschaft: Wir müssen nichts leisten, nichts vorsortieren, nichts zurechtlegen. Wir sind einfach füreinander da.

»Ich zahle immer bar«

KE: Ich kenne einige deiner Kollegen, auch Autoren übrigens, die keine Kritiken lesen, weder positive noch negative. Wie hältst du es damit?

DM: Ich lese selten Kritiken. Es gibt da einen unglaublich bösartigen Kritiker. Er hatte wirklich so richtig verletzend über mich geschrieben, dass ich mich davor nicht mehr schützen konnte. Ich wollte nicht mehr auftreten, nicht mehr singen. Barrie Kosky und alle anderen in der Komischen Oper bauten mich dann wieder auf. Ich bin sehr empfindlich. Wenn ich mich auf der Bühne so aufmache, dann zahle ich immer bar, ich ziehe keine Nummer ab. Wenn du dich so öffnest, dann bist du auch sehr verletzbar, du zeigst die verwundbaren Stellen. Deshalb schütze ich mich inzwischen, indem ich keine Kritiken mehr lese. Also gut, wenn es Kritiken gibt, die sehr genau beschreiben und analysieren, die lese ich dann doch und freue mich wahnsinnig, wenn jemand erkannt hat, wie wir gearbeitet haben und was wir wollten. Außerdem gibt es einen wunderbaren tröstenden Ausspruch von Max Reger: »Sehr geehrter Rezensent, ich sitze an einem sehr stillen Ort in meinem Haus und habe ihre Kritik vor mir, gleich werde ich sie hinter mir haben«

KE: Also, wenn ich das richtig überschauen kann, dann wurdest du während deiner ganzen Laufbahn doch eher verwöhnt.

DM: Ja, richtig üble Verrisse, die mich fertigmachten, gab es eher selten. Aber einige Kritiker spielten mich gegen Kollegen aus, was ich als das Letzte empfinde. Ich bin wirklich ein Kollektivwesen, ich liebe es, wenn man gemeinsam Erfolg hat. Diese Unterscheidungen mag ich nicht: »Der ist ein bisschen besser, der ist ein bisschen schlechter, der ist schneller, der ist größer, der ist kleiner.« Manche können es einfach nicht lassen. Aber meine Situation im Augenblick ist durchaus privilegiert. Ich kann mir die Dinge aussuchen, die ich in meinem Leben noch machen will, und muss niemandem mehr etwas beweisen. Ich hatte Erfolge, was ich jetzt noch mache, ist reiner Luxus. Gern hätte ich in einem großen internationalen Film gespielt, das ist leider an mir vorbeigegangen, aber man kann nicht alles haben. Ich spüre nicht mehr diesen Druck.

KE: Wird man nicht mit den Jahren dünnhäutiger und angreifbarer? Ist diese Betonung der Gelassenheit nicht eine Art Schutzbehauptung? Auch du musst dich schließlich bei jeder Inszenierung neu beweisen.

DM: Nein, das hat sicher auch mit meiner Krankheit zu tun, dass ich zu dieser Gelassenheit gefunden habe, obwohl ich natürlich in jeder Arbeit verwundbar und angreifbar bin. Aber es hat sicher auch mit meinem Glauben zu tun, dass ich die Dinge ins richtige Verhältnis setzen kann. Ich hatte ein so schönes, erfülltes Leben, und ich musste durch schwierige Zeiten gehen, aber auch dafür bin ich dankbar. Jeder Tag ist ein Geschenk. Natürlich sind Proben anstrengend und aufregend, natürlich entsteht vor den Premieren ein großer Druck, aber ich habe immer das Gefühl, dass mir eigentlich nichts passieren kann. Die Arbeit ist die Möglichkeit, meine Lebenslust und meine Freude auszudrücken. Doch ich mag auch diese innere Ruhe und Gelassenheit.

KE: Wie denkst du an die DDR zurück, in der du deine Laufbahn begonnen hast und auch schon erfolgreich warst, vor allem im Theater?

DM: Ich gehöre einer Generation an, die mit dem Bruch ganz gut zurechtkam. Die Älteren, die fast ihr ganzes Leben in der DDR verbrachten, hatten mit viel größeren Problemen zu kämpfen. Als die Wende kam, war ich gerade dreißig. Für mich ging es noch mal richtig los. Es öffnete sich ein Riesentor! Ich hatte in der DDR eine schöne Zeit, spielte am Theater und drehte auch schon, ich führte ein erfülltes Leben. Natürlich war ich mit der Politik unglücklich und fühlte mich eingesperrt. Manche hatten durchaus Sonderrechte, zum Beispiel heimliche Pässe. Das bekam ich dann am Deutschen Theater mit, da erzählten Kollegen: »Wir waren in Italien.« Ich fragte erstaunt: »Wie denn?« – »Naja, wir haben Pässe.« Diese Ungerechtigkeit! Für mich war es dennoch eine schöne und wichtige Zeit in der DDR. Ich bin dankbar, dass ich sie erleben konnte, auch mit all dem Absurden, worüber wir heute vielleicht lachen können. Aber es gehörte dazu. Das gibt mir eine Bodenständigkeit, von der ich heute profitiere. Ich möchte diese Erfahrungen nicht missen.

KE: Wie hast du die Wende am Deutschen Theater erlebt?

DM: Voller Glauben und Hoffnung. Stundenlang saßen wir in der Kantine und diskutierten darüber, was sich kulturpolitisch ändern müsse. Es war der große Traum, das Land, in dem wir lebten, frei umgestalten zu können. Das Deutsche Theater hatte zusammen mit Gregor Gysi die Kundgebung vom 4. November auf dem Alexanderplatz angemeldet. Wir waren damals in einer Art Fieber: Wir bauen uns jetzt ein eigenes Land auf. So wie wir wollen! Mit unserer Sicht auf die Dinge, mit unserer Gesellschaft! Aber bald war klar, dass es ein Vereinnahmen wird. Ich sehe noch vor mir, welche Verbrechen in der Treuhand begangen wurden, wie die Betriebe verscherbelt, viele Leute in die Arbeitslosigkeit getrieben wurden und alles verloren! Das war auch in unserer Familie so, zum Teil sehr dramatisch. Man wusste überhaupt nicht, wie man darauf reagieren sollte, wir hatten doch keine Erfahrungen mit diesem System. Das zeichnete die ältere Generation für ihr Leben. Für mich war die Wende eindeutig die große Chance. Alle, die nach mir kamen, hatten es dann noch leichter, sich in der neuen Welt zurechtzufinden. Ich schämte mich auch für Leute, die über den Boden krochen, ihn küssten und »Freiheit, Freiheit!« riefen. Für mich war das nicht der Weg, wie ich der neuen Freiheit begegnen wollte. Gut, jeder musste das selber wissen. Es war schon eine irre Zeit.

KE: Heiner Müller teilte die Euphorie in jenen Tagen nicht und wurde dafür angegriffen.

DM: Ja, er wurde auf dem Alexanderplatz ausgepfiffen. Wir probten mit ihm im Deutschen Theater »Hamlet« und saßen viel zusammen. Was Heiner damals sagte, war vorausschauend, weise und manchmal auch deprimierend, wenn er ausmalte, wie es ausgehen würde. Er sprach Dinge aus, die viele in der Euphorie gar nicht hören wollten. Als die Mauer fiel, waren seine Äußerungen oft sehr ernüchternd. Er sagte: »Wir haben Ideale, aber die haben in diesem System keinen Platz. Das Geld wird schnell die herrschende Position besetzen, ob ihr das wollt oder nicht.«

Er behielt recht. Ich denke nur an die Waffenindustrie, die hemmungslos an beide Seiten liefert, und wenn alles kaputt ist, hat man schön verdient, beim Wiederaufbau wird dann auch noch Geld gemacht. Alles dreht sich um das Geld, das hat Heiner Müller in den heißen Diskussionen auf den Punkt gebracht, in einem klaren Satz, manchmal in Gleichnissen oder als Witz. Die Ernüchterung war bei uns viel stärker als bei ihm, weil wir geglaubt hatten, wirklich etwas tiefgreifend verändern zu können. Aber vieles ist ja wirklich anders geworden, und ich möchte die Uhr auf keinen Fall zurückdrehen. Ich bin froh, dass ich frei leben kann, und genieße das auch täglich. Beruflich war diese Öffnung, der Fall der Mauer einfach ein großes Geschenk. Viele schöne Arbeiten kamen erst dann. Man darf das trotz aller Ungerechtigkeiten wirklich nie vergessen, es ist unglaublich, dass eine Grenze fiel, dass sich zwei Länder vereinigten, ohne dass ein Tropfen Blut geflossen wäre.

KE: Die Erinnerung an die Wende ist bei dir sicher überschattet durch den Tod deines Vaters, der genau in dieser Zeit starb.

DM: Mein Vater starb im Sommer 1989, das dämpft die Erinnerungen. Er war ein sehr wichtiger Mensch in meinem Leben und prägte mich sehr. Meine Eltern hielten die ganze Familie zusammen, die Geschwister, unsere Kinder, die Männer und Frauen und die Enkelkinder. Wir waren immer eine große Gemeinschaft und auf einmal brach das alles auseinander. Mein Vater konnte stundenlang zuhören und wusste immer einen Rat. Ich brauchte fast zehn Jahre, bis ich überhaupt darüber reden konnte, und es bewegt mich immer noch sehr. So riss 1989 für mich nicht der Himmel auf. Ich musste mit meiner Trauer fertigwerden. Meine Mutter war auf einmal allein. Ich zog mit meiner Tochter zu ihr und lebte die ersten Monate nach Vaters Tod bei ihr. Wir mussten das Leben neu ordnen. Das war eine sehr schwere Zeit, in der ich mich zurückgezogen habe. Vor Schmerz glaubte ich, nicht mehr spielen zu können, ich wollte nicht mehr auf die Bühne.

KE: Dein Vater hatte einen Verkehrsunfall.

DM: Ja, er ist vor die Straßenbahn gelaufen. Er war fast erblindet. Er fehlt mir immer noch, sehr.

KE: Wollen wir eine Pause machen?

DM: Nein, lass uns weitermachen. Ich wünsche mir so sehr, dass mein Vater mich noch singend erlebt hätte, in der Komischen Oper. Er wäre wirklich stolz auf mich gewesen.

KE: Du hast dich erst nach seinem Tod katholisch taufen lassen?

DM: Ja, das hätte er nicht verkraftet. Meine Mutter musste das dann aushalten, aber sie ist eine Powerfrau, die eine Menge aushält. Sie kommt aus einer katholischen Familie, wir sind aber nicht so erzogen worden. Ich ging aus eigenem Entschluss regelmäßig in die Kirche und ließ mich 1990 taufen. Meine Großtante Gerda war bei der Taufe und Kommunion dabei, die zusammen stattfanden. Davon gibt es noch ein Foto, auf dem sie neben mir sitzt.

Meine erste Ehe wurde in der Kapelle von Schloss Wiepersdorf geschlossen, Ich war zweimal verheiratet, Männer spielten in meinem Leben eine große Rolle, aber das bleibt in meinem Herzen und fällt hier nicht in Worten auf das Papier. Für mich war diese katholische Trauung das Glück auf Erden, aber das änderte sich. Ich bin dann wieder aus der katholischen Kirche ausgetreten.

KE: Und warum dann der Austritt?

DM: Ach weißt du, der letzte Auslöser war ein Gespräch mit einem Pfarrer, der vorwurfsvoll mahnte: »Ich habe erfahren, dass Sie in Ihrem Freundeskreis Schwule und Lesben haben.« Da sagte ich: »Ja und? Haben Sie ein Problem damit?«

Das war es dann. Dazu fallen mir Friedrich Schorlemmers Worte ein: »Klar sehen und hoffen.«

KE: Auch wenn du die Kirche verlassen hast, scheint es mir so, als hättest du einen starken Glauben und ein festes Wertgefüge.

DM: Ja, ich bin ein gläubiger Mensch. Glaube ist Hoffnung und Dankbarkeit, Demut, Verzeihen, Bescheidenheit, Mitgefühl und Toleranz sind doch erstrebenswerte Tugenden. Ein Freund von mir, der Maler Hubertus Giebe sagte so schön: »Wir schweben in einem kalten Kosmos, die Atmosphäre ist ein Seidenpapier, unter der dünnen Erdrinde glüht Magma, wir haben eine gewisse Lebenszeit und wir versuchen zu erkunden, was das eigentlich ist. Zu unseren Sensoren gehört die Kunst.« Genauso sehe ich es: Für mich ist das Theater der Versuch, Antworten zu finden, Verantwortung zu übernehmen und für andere durch mein Spiel erkennbar zu sein. In einer Welt der Superlative sind Tugenden wie Mäßigung und Selbstlosigkeit nur noch schwer zu finden, darum bin ich dankbar, dass es einen Papst Franziskus gibt, der nicht nur das lebt, was er sagt, sondern der klar Verantwortung übernimmt.

Intermezzo
Andreas Kleinert, Regisseur

Dagmar und mich verbindet eine lange Geschichte, in der einige Filme entstanden sind, die für uns beide eine besondere Bedeutung haben. Die aufwendige, dreizehnteilige Verfilmung der Klemperer-Tagebücher, während der wir alle so lange zusammengelebt haben, war trotz des bedrückenden Themas eine wunderbare Zeit, in einem seltenen Zustand der Konzentration und des Vertrauens. Aus einer solchen Arbeit, aus dieser genauen Rekonstruktion der Nazi-Zeit bis hin zu den Zügen, die in die Vernichtung führen, sind wir verändert herausgekommen.

Sehr wichtig ist mir auch ihre Verkörperung der Petra Kelly. Wir haben unendlich lange an der Szene ihres Sterbens gearbeitet. Dagmar war so dünnhäutig und zart, wie sie da lag ... Eine solche schauspielerische Erfahrung kann sie nicht einfach ablegen wie einen Hut, sie nimmt das mit, speichert es für andere schauspielerische Herausforderungen. Trotz all ihrer positiven Energie und des unbändigen Humors bleibt immer auch der Schmerz. In Frankreich würde man eigens Rollen für sie schreiben, Figuren erfinden, die ihrer künstlerischen Kraft und Reife angemessen sind. Diese Art von Aufmerksamkeit gibt es hier nur selten. Allerdings ist sie im Musiktheater so sehr beschäftigt, dass man sie nur schwer für Hauptrollen engagieren kann. Ich freue mich über ihre zweite Karriere, sehe mir ihre Triumphe im Theater an, wünsche mir jedoch, dass sie den Film und das Sprech-

theater darüber nicht vergisst. Unverändert habe ich Sehn-
sucht danach, wieder mit ihr zu arbeiten. Wir haben uns
nie aus den Augen verloren, ich durfte auch schon ihr Ein-
kaufsberater sein und Kleidung für sie aussuchen. Unsere
Freundschaft muss nie aufgewärmt werden, selbst wenn wir
uns lange nicht gesehen haben, ist die Verbindung sofort
wieder da. Das kommt in dieser Branche nicht sehr häufig
vor. Dagmar ist immer perfekt vorbereitet und hellwach,
obwohl sie auch sehr chaotisch sein kann. Besonders bewun-
dere ich ihre Kollegialität, wie sie junge, aufgeregte Schau-
spieler mit Liebe und Aufmerksamkeit auffängt. Mir gefällt
auch, dass sie niemals, in keinem Interview, in keiner Talk-
show für den schnellen Beifall simpel und undifferenziert
über ihre DDR-Vergangenheit herziehen würde.

»Ich liebe es,
ein ganz normales Leben zu führen«

KE: Du hast 2001 deine Festanstellung am Deutschen Theater gekündigt und bist Freiberuflerin geworden, auch so ein Schritt, den du in der DDR kaum gegangen wärst.

DM: Das stimmt, und ich war sehr gut beschäftigt am Deutschen Theater, spielte zeitweise in zehn Stücken, das waren bis zu zwanzig Vorstellungen im Monat. Ich erhielt eine sehr gute Gage, bekam immer schöne Rollen, nur spürte ich mehr und mehr, dass ich vom Theater satt war. Manchmal empfand ich gar keine Freude mehr am Spielen. Auf der Bühne fängt man sich dann wieder ein, ich spielte niemals eine Rolle einfach nur herunter, das wird es bei mir nie geben. Aber es kostete mich große Mühe, zur Vorstellung oder zu Proben zu gehen. Das Privatleben kam auch zu kurz, ich konnte kaum etwas planen, keine Geburtstage, keine Treffen, nichts. Als ich die dreizehn Teile der Fernsehserie »Klemperer« drehte, konnte ich nur am Wochenende auf der Bühne stehen, alle mussten sich nach mir richten, worüber sich einige Kollegen beschwerten. Böses Blut wollte ich nicht, und so zog ich endlich einen Schlussstrich. Ulrich Mühe ermutigte mich damals: »Mensch, Dagmar, jetzt trau dich doch mal endlich, werde freiberuflich.«

Ich war unkündbar am Deutschen Theater und hörte dennoch selbst auf. Meine Mutter machte sich große Sorgen: »Du hast zwei Kinder! Und du kündigst jetzt in dieser Zeit!« Aber ich dachte: Es wird schon irgendwie weitergehen.

Und es ging ja dann auch weiter, allerdings vor allem deshalb, weil meine Mama mir immer geholfen hat und oft zu Filmarbeiten mitgekommen ist, wie zum Beispiel bei dem langen Dreh für den »Laden«, um für mich und meine Kinder da zu sein.

KE: Die Bodenständigkeit, von der du gesprochen hast, ist dir erhalten geblieben. Du bist auch nicht der Schauspielerinnentyp, der auf der Straße auffallen will, und als du mal am Künstlereingang nicht eingelassen wurdest, fandest du das ganz lustig.

DM: Ja, das ist mir wirklich passiert, am Deutschen Theater, da war ich schon über achtzehn Jahre fest engagiert. Ich ging zum Bühneneingang, dort saß wohl ein neuer Pförtner: »Was wollen Sie denn hier?« – »Ja, ich würde gerne zur Vorstellung.« – »Das kann ja jeder sagen.« – »Gut, ich hoffe, Sie können meinen Text?« Dann ließ er mich rein.

Nach der Vorstellung warteten manchmal Leute draußen und fragten ausgerechnet mich: »Ist die Frau Manzel schon raus?« Wenn ich schnell nach Hause musste oder auch nicht reden wollte, so etwas kommt doch vor, dann sagte ich: »Oh, tut mir leid, die ist gerade raus.« Sie erkannten mich nicht. Das fand ich schön. Jetzt im Alter ändert sich das, heute freue ich mich und finde immer Zeit, wenn mich jemand anspricht. Ich bekomme inzwischen sehr viele Reaktionen von Zuschauern, was ganz neu für mich ist. Neulich sprach mich in der Buchhandlung eine Frau an und sagte: »Ich möchte Sie nicht stören, ich wollte nur sagen, dass mich Ihr Stück »Gift«

sehr berührt hat.« Ich bedankte mich herzlich dafür, weil ich verstanden hatte, dass es für sie ein Bedürfnis war, mir das zu sagen. Das heißt doch, was wir wollten, ist angekommen.

KE: Dein Künstlerinnenimage ist aber weiterhin deutlich von deinem Privatleben abgespalten.

DM: Ja, wenn ich in die Kaufhalle gehe, und es lief am Vortag vielleicht gerade ein Tatort, dann liegen an der Kasse diese bunten Hefte mit einem Foto von mir auf der Titelseite. Beim Anstehen denke ich dann: »O Gott, und das hier an der Kasse.« Aber sie haben mich noch nie erkannt. Ich liebe das sehr, weil ich so ein ganz normales Leben führen kann. Wenn du ständig in der Presse bist oder in den Talkshows sitzt, bleibt kaum noch ein Privatleben, weil du überall beobachtet wirst. Aber Berlin ist sowieso ein schönes Pflaster, nicht nur, weil ich leidenschaftliche Berlinerin bin, sondern auch, weil es hier diesen entspannten Umgang mit den Künstlern gibt. Du wirst manchmal erkannt, aber wenn du gerade so für dich bist, dann merken sie das auch und lassen dich in Ruhe.

Kennst du diesen schönen Dokumentarfilm »Searching for Sugar Man« über den großartigen Sänger Rodriguez? Ich habe mir gleich seine CDs gekauft und verschenke sie auch gern. Seine Tochter erzählt im Film, wie dieser sehr bescheidene Künstler nach Südafrika kommt, wo er als ein Superstar verehrt wurde, was er gar nicht wusste. Am Flughafen wurde ein roter Teppich für ihn ausgerollt, und als er den sah, dachte er, da kommt bestimmt jemand Berühmtes.

Und dann sagt die Tochter diesen Satz, der mich sehr berührt hat: »Wir würden nie über'n Roten Teppich gehen. Schon gar nicht mit Schuhen.« Das ist ein schönes

Bild. Ich gehe auch nicht gern über den Roten Teppich, schon gar nicht mit hohen Schuhen. Deswegen meide ich eigentlich diese festlichen Veranstaltungen, außer wenn ich selbst für einen Preis nominiert bin, dann muss ich natürlich hingehen. Das gehört sich so, und das will ich dann auch. Es sind auch immer nette Kollegen da, die genauso denken wie du, zu denen kann man sich dann setzen.

KE: Manchmal ragt jedoch eine private Erfahrung in die Arbeit hinein, hilft, eine Figur zu formen, und kann somit vielleicht doch für das Publikum erhellend sein.

DM: Auch da würde ich nicht alles preisgeben, es ist doch mein Leben. Ist es nicht absurd, wie heute alle vom Datenschutz reden und dann auf Facebook mit Name und Adresse das Intimste auspacken oder sich in Talkshows produzieren? Mir wäre das peinlich. Mein Leben ist mir sehr kostbar, vor allem durch die Erfahrungen, die ich machen musste und durfte. Letztendlich bin ich sogar dankbar, dass ich durch diese Zeit ging, weil sie auch eine Notbremse war, ein Warnsignal, sonst hätte ich vermutlich bis zur völligen Erschöpfung weitergearbeitet. Jetzt nehme ich meine Auszeiten, ziehe eine Grenze und sage öfter: Nein. Ich gehe jetzt auf die sechzig zu, ich muss das nicht mehr tun, dann bist du bald …

KE: … jenseits von Gut und Böse.

DM: Richtig. Spätestens ab siebzig darfst du richtig renitent werden, wie diese alten, unverschämten Damen mit den Handtaschen bei Monty Python und ich habe viele schöne, alte Handtaschen.

KE: Hast du denn noch Kontakt zu alten Freunden, etwa zu deiner Schulklasse?

DM: Ja! Wir kamen vor vierzig Jahren aus der Schule,

das erste Klassentreffen hatten wir nach zwanzig Jahren, und jetzt, nach weiteren zwanzig Jahren, das zweite. Es kamen ganz viele, und sofort stellt sich diese Vertrautheit ein. Jeder ist seinen Weg in den Jahrzehnten gegangen, alle haben interessante Berufe ergriffen. Heike ist meine älteste Freundin, mit ihr fuhr ich damals zur Schauspielschule. Mit einigen anderen treffe ich mich immer wieder, das ist so eine Runde von fünf Frauen. Jede erzählt etwas von ihrem Leben. Manchmal besuchen sie mich auch im Theater oder kommen zum Dreh meiner »Tatorte«, sie waren in Nürnberg und später in Würzburg. Wir sahen uns die Städte an, tranken Wein, und ich sagte: »Wisst Ihr, wie schön das ist, dass wir uns haben und füreinander da sein können? Das ist ein Geschenk.«

KE: Das Schöne, aber auch Eigentümliche an solchen Treffen ist doch, dass man sofort in die alten Rollen zurückfällt, jeder nimmt die Position ein, die er früher hatte.

DM: Man muss nichts erklären, das stimmt. Man kennt den Humor, die Art, wie jemand reagiert. Das ist geblieben. Wenn man seine Eltern verliert, geht die Kindheit verloren. Man kann sie mit Geschwistern, wenn man sie hat, teilen, und das große Glück ist, dass ich auch noch diesen engen Kontakt zu Freundinnen und Klassenkameradinnen habe, dadurch bleibt ein Stückchen Kindheit bei mir. Oft erzählen mir Leute, sie hätten gar keinen Kontakt mehr zu ihren ehemaligen Klassenkameraden, oder ich denke an meine Mutter, die durch die Flucht alles verloren hat, auch ihre eigene Mutter und die Freundinnen. Ich bin glücklich darüber, Menschen zu haben, die mich durch das ganze Leben begleiten.

Intermezzo
Ulrich Matthes, Schauspieler

Zum ersten Mal habe ich Dagmar wahrgenommen in der »Hamlet«-Inszenierung von Heiner Müller in der Wendezeit, in der sie Hamlets Mutter spielte. Ich empfand diese Aufführung als merkwürdig fremd und faszinierend zugleich, enorm aufgeladen durch die politische Lage im Land. Dagmar blieb mir als extrem professionell in Erinnerung. Das ist eine ganz wichtige Seite an ihr, dass sie so ein Hyperprofi ist, also wahnsinnig viel kann, und dann aber auf der anderen Seite sehr empfindsam und dem Partner gegenüber außerordentlich offen ist. Aber so habe ich sie erst später kennengelernt. Damals war es zunächst eine große Bewunderung dieser Leistung, die mir perfekt, aber auch etwas kalt erschien.

Dann habe ich mit ihr und Barbara Auer in einer Fernsehkomödie von Hermine Huntgeburth gespielt, »Ein falscher Schritt« von 1994. Wir haben alle wahnsinnig viel gelacht, und ich lernte eine weitere Seite von Dagmar kennen, ihren wunderbaren Sinn für Humor, ihre Lust am totalen Schabernack, ihre Begabung zur Komödie, zur Unterhaltung, zur genau gesetzten Pointe. Wir haben wirklich oft miteinander gearbeitet, zum Beispiel Mitte der 2000er Jahre im Deutschen Theater im »Kirschgarten« oder 2011 in einem Bremer Tatort, »Stille Wasser«. Wir spielten da ein etwas prolliges Ehepaar, und mich fesselte ihre Direktheit, ihr Realismus. Das kann sie wirklich wahnsinnig gut, rest-

los real sein – ohne einen falschen Schauspielerton, ohne jede Attitüde.

Aber wenn ich mich mit achtzig an ein absolutes Highlight erinnern werde, dann wird das unser Zweipersonenstück »Gift« im Deutschen Theater sein, weil wir hier wie Musiker in einem Jazzclub die vollkommene Freiheit im Umgang miteinander erleben, ein genaues Hören und Reagieren aufeinander. Jede Aufführung läuft etwas anders, je nach unserer Energie oder der des Publikums. Es ist einfach beglückend, was auch an der entspannten Regie von Christian Schwochow liegt. Wir haben dieses berührende Stück jetzt schon über fünfundsechzig Mal gespielt. Dabei merke ich immer, wie sehr Dagmar ihre große Virtuosität bewusst zurücknimmt, sie stellt sich mit all ihren Emotionen ganz auf den Abend ein. Wir spielen weicher, poröser als sonst. Dass Dagmar auch ein Raubtier sein kann und eine richtige Bühenpratze hat, zeigt sie in anderen Rollen, etwa in den starken Figuren an der Komischen Oper. Da muss sie sich gegen ein Riesenensemble mit Chor, Orchester und Ballett durchsetzen, und das kann sie sehr gut, auch ohne Ellbogen. Im Übrigen halte ich sie für wesentlich empfindlicher, verletzbarer, als sie zu sein scheint. Wenn man sie auf der Bühne sieht, dann denkt man, sie schafft das alles mit einem unbesiegbaren Selbstbewusstsein, aber ich glaube, sie ist durchaus anfechtbar, letztlich wie wir alle, wenn wir sensibel sind.

»Es muss durch mich hindurchgehen«

KE: Wie gehst du bei deinen Rollen vor? Wenn du das Stück oder das Drehbuch liest, wie kommen dann die Figuren zu dir?

DM: Mich muss das anspringen, das sage ich auch von meinen Liederabenden. Was immer ich spiele oder singe, es muss durch mich hindurchgehen, einmal, tausendmal, bis es meins ist. Ich muss das so oft wiederholen, bis ich das Gefühl habe, es kommt aus mir, ohne dass ich darüber nachdenken muss.

Nach der Wende wurde oft gesagt, dass die ostdeutschen Schauspieler mehr der Brechtschen Methode folgen, dass sie die Rollen von außen betrachten und dann mit einer gewissen Ironie spielen. Die westdeutschen Schauspielern gingen in der Rolle ganz auf, sie müssten das unbedingt fühlen, also Method Acting betreiben. Diese strenge Unterscheidung fand ich merkwürdig. Bei mir mischte sich das immer. Ich muss es betrachten und zugleich erleben, ich muss es in meiner Psyche aushalten, selbst wenn es manchmal schmerzt. Etwa bei Petra Kelly, die ich in dem Film »Kelly Bastian – Geschichte einer Hoffnung« von Andreas Kleinert spielte. Da brauchte ich sehr lange, um wieder herunterzukommen, weil mich diese Geschichte so mitnahm. Mich regte es auf, wie ungerecht sie behandelt worden ist, wie viel Abneigung ihr entgegenschlug. Ich stand ganz auf der Seite dieser klugen, kämpferischen, charismatischen Frau und wollte sie unbedingt verteidigen, das war wirklich schmerzhaft.

KE: Eine solche schmerzhafte Erfahrung war sicher auch der Dreizehnteiler »Klemperer« nach den Tagebüchern des jüdischen Sprachwissenschaftlers Victor Klemperer. Du hast die Frau des Verfolgten gespielt.

DM: Ja, besonders als wir die Szenen an den Waggons drehten, als Victor beinahe deportiert worden wäre. Sie holte ihn förmlich aus dem Zug heraus. Wir drehten mit Kleindarstellern, von denen manche den Krieg noch miterlebt hatten. Auch danach brauchte ich lange, um diese Arbeit zu verkraften. Es geht durch mich hindurch, aber trotzdem habe ich eine gesunde, humorvolle Art, um mich ein wenig vor den Figuren zu schützen, wenn sie mir zu nahe kommen. Dieser Beruf gibt mir die Chance, immer wieder bereichernde Erfahrungen zu machen, im Spiel zu übersetzen und weiterzugeben an die Menschen.

KE: Solche Momente können für den Spieler beglückend, für den Zuschauer aber auch peinlich sein.

DM: Darum ist das eben eine Mutfrage. Du musst es zulassen. Ja, das kann natürlich auch wahnsinnig peinlich werden, wenn man sich selbst zu wichtig dabei nimmt. Aber es gibt die Momente in manchen Vorstellungen, in denen man plötzlich schwebt. In solche schönen Inszenierungen wie den »Sieben Todsünden« oder »Gift« steigst du ein, spielst, und dann gibt es so einen Moment, da verselbstständigt sich das. Alles funktioniert genauso, wie du es dir erarbeitet hast, aber dann kommt noch etwas hinzu, das du nicht herbeirufen kannst. Es ist da, und manchmal ist es nicht da, aber wenn es sich einstellt, dann sind das wahrhaft göttliche Augenblicke. Emil Jannings sagte mal: »Dir muss der Engel ins Gesicht gespuckt haben.« Das heißt für mich, Fleiß allein nützt gar nichts, du musst auch berufen sein. Je älter man wird, desto mehr lässt man diese bewussten Glücksmomente zu.

KE: Du denkst viel darüber nach, was du tust. Beschreibst du dich als reflektierende, nachdenkliche Schauspielerin?

DM: Ich bin sehr kritisch mit mir. Bei jeder Rolle suche ich den besonderen, unverwechselbaren Klang, den richtigen Ton. Das hat sicher mit meiner Musikalität zu tun, die eine der stärksten Triebfedern in meinem Beruf ist. Ich habe ein Gespür, das mir sagt: Jetzt machst du zu viel, jetzt willst du zu viel erklären oder zeigen. »Demut« ist für mich einer der wichtigsten Werte in künstlerischen Berufen. Ich bin demütig, was nicht heißt, dass ich mich willenlos unterordne, aber ich habe eine große Freude daran, meine persönlichen Belange und Probleme hinter der Figur verschwinden zu lassen.

Der Zuschauer kann sich ganz darauf einlassen, weil du ihn nicht mit deiner Vision bedrängst. Er bleibt irgendwo an einer Stelle hängen, wird aufmerksam, hört zu, schaut zu. Dieses Hineinziehen der Menschen, das liebe ich einfach.

KE: Ulrich Matthes spricht voller Bewunderung von dir als Bühnenraubtier und von deiner Bühnenpratze, ein lustiges Wort, das er interessanterweise dem Boxsport entlehnt hat. Eine Pratze ist nämlich dieser große Handschuh, gegen den man beim Training boxt, wo man also kräftig dagegenhalten muss.

DM: Ja, es gibt einige Kollegen, die das so ähnlich sehen. Sylvester Groth sagt manchmal: »Ich gehe mit dir nicht auf die Bühne, weil du mich auffressen würdest.«

Dabei würde ich so gern wieder mit ihm spielen, wir standen schon in Dresden zusammen auf der Bühne, ich verehre und liebe ihn. Auch er hält sich aus dem Medienrummel heraus, geht seinen Weg. Ein begnadeter Schauspieler und ein Mann mit Charakter. Es wäre ein Traum, mit ihm zu arbeiten.

KE: Aber zurück zur Pratze.

DM: Zurück zur Pratze. Ja, das stimmt, so ist es. Das war auch die Erfahrung von Max Hopp an der Komischen Oper. Da standen auf einmal zwei Menschen auf der Bühne, die sich ihren Raum nehmen und ihr Terrain abstecken wollten. Andererseits hatten wir das starke gemeinsame Interesse, zusammen eine Geschichte zu erzählen, und darauf einigt man sich schließlich auch. Ich kann mich durchaus zurücknehmen, wenn ich weiß, dass das jetzt nicht mein Auftritt, dass es nicht meine Szene ist.

KE: Du kannst aber auch ungehalten und vor allem ungeduldig sein. Wann passiert das?

DM: Wenn ich zum Beispiel musikalisch-komödiantisch arbeite, merke ich sehr schnell, wenn die Tempi nicht richtig sind. Bei den Proben kann ich deshalb ungehalten reagieren: »Nein, nein, das stimmt nicht! Das stimmt nicht! Das stimmt nicht! Das ist zu langsam. Nein, nein, das geht nicht. Das ist zu schnell.« Ich habe so ein Bauchgefühl, das mir anzeigt, ob etwas nicht stimmig ist, ob es ablenkt, ob es mit der Geschichte oder mit der Situation nichts zu tun hat.

Ich versuche eigentlich immer, etwas kollegial vorzuschlagen und niemanden persönlich zu beleidigen, aber manchmal rege ich mich doch furchtbar auf: »Das ist einfach Quatsch! Nein, das spiele ich nicht. Vollkommener

Blödsinn!« Dann werde ich auch penetrant und zwinge dem anderen mein Tempo auf, was natürlich nicht die feine Art ist. Bei den Sängern ist das einfacher, weil sie leichter akzeptieren, dass ich als Schauspielerin von der Sprache ausgehe, vom Rhythmus im Dialog und von daher das Tempo bestimme. Mit den Jahren werde ich etwas milder, aber diese Ungeduld bricht immer wieder durch. Das hat nichts mit Bosheit oder Gereiztheit zu tun, sondern mit meinem Temperament und damit, dass ich einfach das bestmögliche Ergebnis suche. In den Proben versuche ich es zu unterdrücken, aber hinterher tobe ich zu Hause: Mann, ich verstehe das nicht! Warum begreift er das nicht? Ich bin einfach sehr, sehr schnell und wenn jemand nicht mithalten kann, hat er es schwer. Es gibt aber auch Probenprozesse, wie zum Beispiel bei »Endstation Sehnsucht«, bei denen ich sehr lange brauche, um an diese Figur heranzukommen und bereit zu sein, mich einzulassen, weil mir der Schmerz kaum aushaltbar erscheint. Das benötigt sehr viel Zeit, aber meist ist es wirklich so, dass ich durch meine Vitalität und meine Erfahrungen Ideen schnell umsetzen kann, und dass es die Partner dadurch manchmal nicht leicht haben.

KE: Hast du denn selbst Regieambitionen?

DM: Ja! Wenn ich mal keine Lust mehr haben sollte, auf der Bühne zu stehen. Bei diesen großen Abenden musst du immer mit ganzer Kraft dabei sein, allein die vielen Texte. Ich wirke schon sehr auf die Arbeit ein, weil ich mit den Regisseuren an einem Strang ziehe, ob mit Christian Schwochow bei »Gift« oder mit Barrie Kosky in der Komischen Oper. Da mache ich auch Vorschläge. Ich stehe nicht nur auf der Bühne und warte darauf, was der Regisseur sagt. Ich bin sehr selbstständig und brauche meinen Raum zur Improvisation, den ich von Regisseuren wie Barrie Kosky oder Christian Schwochow erhalte, was wunderschön ist. Aber vielleicht setze ich mich irgendwann, wenn das alles zu viel wird, unten ins Parkett als Regisseurin. Ich würde gern Musiktheater für und mit Kindern inszenieren.

KE: Du bist unter den Kollegen auch für deine ausgesprochene Lachlust bekannt, was wohl auf der Bühne mitunter für Probleme gesorgt hat.

DM: Da sind viele lustige Sachen passiert. Fred Düren brachte mich jedes Mal zu Lachkrämpfen an der Stelle im »Kaufmann von Venedig«, wo Portia den großen Monolog hält und eigentlich überhaupt nicht lachen darf. Ich lachte fast während der ganzen Vorstellung, sodass die Leute sich schon beschwerten. Danach saß ich in der Garderobe und weinte, weil ich mich so schämte. Man konnte mich so leicht zum Lachen bringen, und Kollegen wie Fred Düren und Dietrich Körner haben das reichlich ausgenutzt.

Das Schlimmste aber war, wenn Ulrich Mühe und ich zusammen in dem Stück »Leben ein Traum« von Calderón spielten. Am Schluss mussten wir ganz langsam aufeinander zugehen. Uli war genau so ein Lachwurz wie ich, das war schon eine Tortur an sich. Am Schluss liege ich dann tot auf dem Boden, und er beugt sich über mich und hält seinen großen Monolog. Ich musste jedes Mal lachen. Ich, eine tote, lachende Kollegin, auf der Bühne hingebreitet, und er lachte mir dann hemmungslos laut ins Gesicht. Die ersten Jahre am Theater waren hart für mich, weil ich lernen musste, mich zu beherrschen, mich nicht rausbringen zu lassen. Also die Kollegen im Deutschen Theater hatten da echt schon ihren Spaß mit mir, das muss ich sagen.

Von den Kolleginnen am Haus bewunderte ich ganz besonders Gudrun Ritter, seit ich sie als Elisabeth in »Maria Stuart« gesehen hatte, wie sie am Schluss nur dasitzt und den Schnappverschluss ihrer Handtasche immer wieder öffnet und schließt, dann als Elektra. Für mich ist sie die erotischste und anarchistischste Schauspielerin, und sie hat eine ungeheure Leidenschaft und einen unglaublichen Humor. Wie oft hat sie mich in den Vorstellungen zum Lachen gebracht und dann brach es auch aus ihr heraus – dieses unverkennbare Lachen. Was für eine Frau!

Intermezzo
Gudrun Ritter, Schauspielerin

Es gibt wenige Menschen, die so besonders sind, die ihre Bodenhaftung nicht verlieren, obwohl Ruhm und Karriere dazu Anlass geben könnten, und es gibt noch weniger Schauspieler, die einfach sie selbst bleiben, ohne egozentrisch und eitel zu sein. Dagmar ist all das, einfach eine großartige Schauspielerin, Sängerin, Freundin. Solange ich Dagmar kenne, und das sind inzwischen mehr als zwanzig Jahre, ist sie immer die Dagmar geblieben, die ich damals kennengelernt habe – außer dass sie immer besser geworden ist –, egal, welche Höhen und Tiefen sie durchlebt hat. Ihre Normalität und Bodenständigkeit hat sie sich immer bewahrt. Ein Star ohne Allüren, mehr Worte braucht man da nicht zu machen.

»Heiner Carow
liebte uns überschwänglich«

KE: Warst du denn so etwas wie ein Star in der DDR?

DM: Mein großes Vorbild war immer Gena Rowlands. Ich liebe sie und die Filme ihres Mannes John Cassavetes. Vielleicht war sie der Grund dafür, warum ich irgendwann selbst in Filmen spielen wollte, zumindest einer der Gründe. Als ich 2011 im Berliner Ensemble »Endstation Sehnsucht« spielte, sah ich mir natürlich »A Woman Under the Influence« noch mal an. Ein paar Details habe ich einfach geklaut, weil sie mich so faszinierten. Gena Rowlands war die ideale Schauspielerin für Cassavetes. Er arbeitete grundsätzlich sehr familiär, nur mit Freunden und Verwandten, in einem sehr kleinen, intimen Rahmen. So etwas wünsche ich mir auch mal, dass man gemeinsam, experimentell eine eigene Filmsprache für eine Geschichte entwickelt. Andere große Vorbilder im Film und im Theater sind Gudrun Ritter und Christine Schorn, mit denen ich lange zusammenarbeiten durfte. Sie prägten mich mit ihrer Art, wie sie Theater spielen, wie sie filmen, wie sie leben. Es gibt viele Schauspielerinnen, die mich beeinflussten, aber Tine Schorn und Gudrun Ritter sind zudem meine Freundinnen.

KE: Das sind wunderbare Schauspielerinnen. Aber die Frage war eigentlich …

DM: Und Judi Dench!

KE: Ja, sie ist wirklich phantastisch. Die Frage war aber, ob du ein Star warst.

DM: Ach so, ob ich ein Star war? Nein, ich war kein Star in der DDR. Manchmal wurde ich »die Diva des Deutschen Theaters« genannt, weil Langhoff mir viele große Rollen gab. Ich galt wohl ein bisschen als Geheimtipp, vielleicht bin ich es noch immer, zumindest im Westen. Gebe ich in Düsseldorf ein Konzert, kommen 300, in Berlin kommen 1200. So ist das.

KE: Neben der Hauptbeschäftigung im Theater ging es auch in der DDR schon mit den Filmangeboten los. Wie ist Heiner Carow für seinen Film »So viele Träume« von 1986 auf dich gekommen?

DM: Der Drehbuchautor Wolfram Witt, der später ein sehr enger Freund von mir wurde, ging viel ins Theater. Er sagte zu Heiner Carow: »Du musst in ›So viele Träume‹ Dagmar Manzel besetzen!« Carow hatte mich im »Kaufmann von Venedig« gesehen: »Das war doch die mit der Perücke. Ich stelle mir da jemand anderes vor!« Dann sind die beiden in den »Kirschgarten« gegangen, da hatte ich gerade für die schwangere Barbara Schnitzler eine Übernahme gemacht und ein paar Vorstellungen gespielt. An dem Tag hatte ich meine Kontaktlinsen zu Hause vergessen, ohne die ich keine Chance auf der Bühne habe, bei Stärke minus zehn! Also trug ich mein ganz normales Kassengestell, eine sehr alte Brille. Heiner Carow saß neben Wolfram und sagte immer: »Ey, die mit der Brille, die ist gut, die ist gut!« Da entgegnete Wolfram: »Mensch, das ist doch die Dagmar!« So lernte ich Carow kennen, was für ein außergewöhnlicher Mann! Mit ihm zu arbeiten war wirklich einmalig. Schade, dass wir nicht mehr gemacht haben.

Es waren drei Filme. »So viele Träume« und »Coming out« und nach der Wende drehten wir noch »Verfehlung« mit Angelica Domröse, in dem ich die böse Schwiegertochter spielte. In »So viele Träume« hatte ich meine erste große Filmrolle, noch dazu mit Jutta Wachowiak als meine Mutter, worauf ich sehr stolz war. Sie war ein großer Filmstar, hatte wichtige Filme bei der DEFA gedreht. Wir spielten auch im Theater zusammen.

KE: »So viele Träume« war ein interessanter Film, aber auch kein wirklich gelungener. Ein merkwürdiger, überfrachteter Film, finde ich. Das hatte wohl auch damit zu tun, dass Carow lange nichts mehr drehen durfte. Nach dieser Pause packte er in diesen etwas angestrengt poetischen Film alles hinein, vielleicht zu viel. Der Grundkonflikt ist kaum zu verstehen.

DM: Ja, vielleicht. Dieser Konflikt, dass sich der Freund der Mutter in die Tochter verliebt, diese Tochter wiederum sich von der Mutter immer vernachlässigt und nie anerkannt fühlte und ihr lebenslang Vorwürfe machte, weil sie als Kind wegen der Karriere ins Heim gesteckt wurde. Diese Geschichte war sehr kompliziert. Die Thematik erschien mir schon wichtig, nur kam das alles irgendwie nicht zusammen. »Coming out« war ohne Frage der gelungenere Film.

KE: Dennoch gibt es in »So viele Träume« bemerkenswerte Augenblicke, zum Beispiel deinen geradezu endlosen, höchst emotionalen Monolog.

DM: Als wir den machten, hatte ich noch Theatervorstellung und kam erst nachts um drei beim Drehen dran. Heiner Carow sagte: »Du, Dagmar, wir drehen das in einer Einstellung. Das sind ungefähr sechs, sieben Seiten Text, also zehn Minuten Monolog. Kein Schnitt. Und es ist teures Eastman-Material aus dem Westen. Wir können das eigentlich nur einmal drehen, maximal zweimal.« Nachts um drei, nach der Vorstellung! Ich wusste, um sechs Uhr heißt es: »Mama! Kindergarten!« Ich war natürlich wahnsinnig aufgeregt.

Dann haben wir das gedreht, ein oder zwei Mal, mehr ging wirklich nicht. Und das war auch alles super, es lief total schön. Es gab nur einen Fehler im Material, da mussten sie einen Zwischenschnitt machen, aber es wurde alles in einer Einstellung gedreht. Es war das erste Mal, dass ich so einen Monolog hatte. Du merkst, wie sich diese Figur in sich selbst verfängt, wie sie in ihrem Schmerz hängenbleibt, in dieser tiefen Verletzung, als Kind einfach abgeschoben worden zu sein. Ihr kommen die Tränen, aber am Schluss fasst sie sich und findet auch zu ihrem Humor zurück. Das hat Wolfram Witt, Wolle, wie wir ihn nannten, schon wunderbar geschrieben. Er entwickelte auch danach noch einige sehr gute Drehbücher, aber nach der Wende wollte niemand mehr einen Film mit ihm machen, schon gar nicht solche versponnenen, märchenhaften, poetischen Stoffe. Er kämpfte noch unglaublich, hatte aber keine Chance mehr. Dann ist er viel zu früh gestorben.

KE: Nach der Wende wurden Stasi-Vorwürfe gegen ihn erhoben, hast du deine Akte gelesen und mit ihm darüber gesprochen?

DM: Damals wandten sich viele von ihm ab. Meine Akte habe ich nicht gelesen, weil ich gar nicht wissen wollte, was andere über mich geschrieben haben, aber ich sprach lange und offen mit Wolfram, der sich sehr ausführlich und rückhaltlos erklärte. Er wollte damals in seiner Naivität anderen helfen, wollte Dinge bewirken.

In diesem offenen Gespräch verstand ich, warum er so gehandelt hat. Man darf Menschen nicht pauschal aburteilen, man muss auch vergeben können, nachdem man weiß, was genau abgelaufen ist. Natürlich sind auch furchtbare, unverzeihliche Dinge geschehen, und die muss man benennen und verurteilen. Aber so war es bei ihm nicht. Er blieb mein enger Freund.

KE: Bitte beschreibe Heiner Carows Regiestil.

DM: Sehr fordernd!

KE: Ich habe gehört, er sei menschlich regelrecht tief enttäuscht und verletzt gewesen, wenn eine Szene nicht funktionierte …

DM: Richtig, es tat ihm sehr weh, weil er mit Leib und Seele dabei war und alles selbst durchlitt. Er war so empathisch, begeisterte sich für seine Schauspieler und liebte uns alle überschwänglich, wofür ich sehr empfänglich war. Beim Spielen sah er dir hingebungsvoll zu, du spürtest diesen Blick aus seinen strahlenden Augen. Es war, als ob dich jemand ständig mit Sonnenstrahlen überschüttet. Dafür bin ich noch immer dankbar. Er konnte wunderbar lachen. Ja, ich liebte ihn sehr. Es war leider nur eine kurze Zeit …

KE: In der aber auch ein so wichtiger Film wie »Coming out« entstanden ist. Die Rolle, die du spielst, ist auf den ersten Blick eine sehr undankbare. Die betrogene, chancenlose Ehefrau in dieser dramatischen Liebesgeschichte der beiden jungen Männer. Wie habt ihr diese Figur aufgebaut, damit sie ihre Würde behält?

DM: Viele meiner Freunde sind homosexuell. Ich war in einen Mann verliebt, der mir irgendwann gesagt hat: »Dagmar, tut mir leid, ich habe dich sehr gern, aber …« Diese Frau im Film spürt, wie sehr auch der Mann sich quält, wie er versucht, sich seine Neigung zu verbieten und mit ihr ein glückliches Leben zu führen. Sie versteht es schließlich. Das fand ich ganz groß und stark bei ihr, dass sie sagt: »Ich liebe dich, aber du wirst anders glücklich, das muss ich eben akzeptieren.« Sie versteht, dass auch die Liebe zwischen zwei Männern, genau wie zwischen Mann und Frau oder zwei Frauen etwas ganz Existenzielles, Schönes, Leidenschaftliches, Unwiederholbares ist.

KE: Was auch eine Leistung des Drehbuchs ist, dieser Frau eine eigene Geschichte, eine Entwicklung zu geben.

DM: Wolfram Witt schrieb das wirklich mit so viel Liebe für mich, darum fiel es mir nicht schwer, das alles in der Figur zu entdecken. Es war sehr genau angelegt. Letztlich war es auch sein eigenes Coming out. Man konnte in der DDR als Schwuler durchaus leben, aber es galt doch hinter vorgehaltener Hand immer als etwas anrüchig. Dieser Film erzählt seine Liebesgeschichte sehr schön, zart, anrührend, und Dirk Kummer und Matthias Freihof spielen es auch wunderbar natürlich, sodass jeder verstehen muss: Die beiden gehören zusammen. Das begreift die Frau irgendwann in einem schmerzlichen Prozess: Gerade weil sie ihn so sehr liebt, wird sie stark und kann ihn abgeben.

Darum mochte ich diese Figur so sehr, wegen dieses Verzichts, der doch der größte Liebesbeweis ist.

Im Drehbuch stand übrigens ursprünglich eine Bettszene zwischen mir und Matthias, was nie so mein Ding ist. Ich habe dann Heiner und Wolfram gefragt, ob das unbedingt sein muss, ich drehe solche Szenen eben nicht so gern. Wir sind dann zusammen auf die gute Idee gekommen, diesen schlafenden, schönen, nackten Mann dorthin zulegen – und Matthias hat einen phantastischen Körper – hingegossen wie Adonis nach einer heißen Liebesnacht. Ich sollte einfach danebensitzen, ihn bewundern und etwas essen, einen Apfel vielleicht. Mir erschienen saure Gurken passender, obwohl ich die gar nicht mag. Aber da konnte ich so herzhaft reinbeißen und dabei diesen herrlichen Mann genüsslich betrachten. Das war doch viel erotischer, als wenn wir tausend Stellungen durchgespielt hätten.

KE: Wie hast du die Reaktionen auf den Film damals wahrgenommen? Der Film war doch schon etwas Sensationelles und zum Glück ist er nicht in den Wendewirren untergegangen.

DM: Beim Drehen dachten wir noch, er wird vielleicht doch wegen der Homosexualität verboten, die hier so positiv, so bejahend dargestellt wurde. Wir wussten, dass wir eine Grenze überschritten, und Heiner Carow sagte immer: »Wenn das platzt, schmeiße ich meinen Posten hin.« Er war damals Vize-Präsident der Akademie der Künste. Damit konnte er drohen, aber er war sich nicht sicher, wie weit das reichen würde. Von diesen Kämpfen im Hintergrund bekam ich gar nicht so viel mit, aber uns allen war bewusst, dass da etwas sehr Besonderes entstand.

Noch heute kommen nach Vorstellungen manchmal Schwule auf mich zu: »Ich hab damals ›Coming out‹ gesehen, der hat mir so geholfen und Mut gemacht!« Es freut mich sehr, was dieser Film bewirkt hat, und noch immer ist er nicht nur unter Schwulen ungeheuer beliebt. Dass er dann auch noch am 9. November 1989, am Tag des Mauerfalls, seine Premiere erlebte, ist eine unglaubliche Geschichte, die ich allerdings auch schon oft erzählt habe.

KE: Erzähle sie ruhig noch mal.

DM: Die Premiere fand im »International« statt, in meinem Lieblingskino mit diesem schönen silbernen Vorhang. Ich konnte erst am Ende zum Verbeugen kommen, weil ich noch am Deutschen Theater »Offene Zweierbeziehung« gespielt hatte. In der Pause saßen wir dort vor dem Fernseher und sahen, dass die Mauer gefallen war. Ich dachte nur: Das ist so irre. Gleich spielen wir wieder auf der Bühne und wissen, dass die Mauer offen ist, und die Leute im Zuschauerraum wissen es noch nicht. Wir spielten dann noch die Vorstellung zu Ende, ich fuhr ins »International«, wo es auch noch niemand mitbekommen hatte. Ich sagte zu Heiner Carow: »Die Mauer ist auf!« Die anderen meinten: »Ja, ja, langsam dreht die Dagmar durch.« Ich verbeugte mich dann vollkommen benommen. Bei der Premierenfeier in der legendären Schwulen-Gaststätte »Burgfrieden«, wo wir auch gedreht hatten, wussten es dann schon alle, draußen fuhren die Autos hupend vorbei, aber im Grunde konnte ich es immer noch nicht fassen. Ich fuhr auch gar nicht gleich rüber, erst etwas später mit meiner Tochter. Es bleibt verrückt und wunderschön, dass die Premiere von »Coming out« mit dem Mauerfall zusammenfiel. Das ist unvergessen.

Intermezzo
Matthias Freihof, Schauspieler

»Coming out«, der erste Schwulenfilm der DEFA, war unsere erste Zusammenarbeit. Heiner Carow hatte uns zum Casting eingeladen, um zu sehen, ob wir als Paar zusammenpassen würden. Diese Fahrt werde ich nie vergessen. Wir wurden in Ost-Berlin abgeholt, mussten damals noch um Westberlin herumfahren, um nach Babelsberg zu kommen, haben die ganze Zeit herumgealbert und sind gackernd und kichernd aus dem Auto gestiegen. Heiner nahm uns in Empfang und sah sofort, dass wir uns großartig verstanden. Das Casting hätte er sich eigentlich sparen können. Im Film berührt es mich immer wieder, wenn sie im Konzerthaus mit den beiden Sektgläsern steht, allein in der Menge, und ihren Mann mit dem Freund zusammen sieht. Sie tut gar nicht viel, aber der sichtbare Ausdruck ihrer Hilflosigkeit und Verzweiflung dreht mir das Herz um.

Dagmar ist eine große Künstlerin, die alle Möglichkeiten ihrer Figuren unendlich tief auslotet und gegen den Strich bürstet. Sie weint, wo andere lachen, und lacht, wo andere weinen. Man spürt immer das große Herz, das sie als Mensch und Künstlerin hat. Am meisten liebe ich den Clown in ihr. Was wir zusammen für einen Spaß hatten, privat oder beim Arbeiten, ob beim Improvisieren oder einfach bei herrlicher Blödelei! Am meisten freut mich für Dagmar, dass sie es nach dieser unglaublichen Film- und Theaterkarriere gewagt hat, Neuland als Sängerin zu betreten. Dabei hat sie den großen Vorteil gegenüber klassisch ausgebildeten Gesangskollegen, dass sie ihre Stimme im Sinne der schauspielerischen Haltung färben kann. Der Spaß, den sie dabei empfindet, ist so ansteckend. Großartig, dass sie das konsequent durchgezogen und uns allen gezeigt hat, wie viele Facetten in ihr stecken.

»... und auf einmal öffnete sich eine neue Tür«

KE: Waren für dich bis zur Wende Theater und Film gleichrangig?

DM: Nein. Theater war absolut die Nummer eins, und dann kam eben gelegentlich ein Film dazu. Einige schöne Rollen bekam ich nicht, da tröstete ich mich: »Ich hab halt kein Filmgesicht, und ich bin nicht hübsch genug. Na gut, dann bist du eben keine Filmschauspielerin, dann bist du Theaterschauspielerin.« Da bin ich ganz unsentimental, so wie der Berliner sagt: »Mir geht es nicht gut, aber anderen geht's noch schlechter.« Nach der Wende drehte ich sehr viele Filme, was ich wirklich gut fand. Dann kam das Musiktheater dazu, und ich dachte: Musiktheater ist ja noch viel besser als Film! Es gab immer neue Sachen, die mich interessierten.

KE: Zu diesen neuen Erfahrungen gehörte, das hast du bereits angedeutet, die Verfilmung der Klemperer-Tagebücher, schon allein der Umfang – dreizehn Teile!

DM: Diese Arbeit öffnete für mich noch mal eine neue Tür. Ich spielte nach der Wende übrigens öfter Figuren aus Literaturvorlagen, wie das Lenchen Matt, die Mutter aus dem Dreiteiler »Der Laden« nach Erwin Strittmatter. Sie zu spielen war ein Traum, ich bekomme echt feuchte Augen, wenn ich an bestimmte Stellen denke, etwa im dritten Teil. Da bittet sie, schon an der Schwelle des Todes stehend, ihre schrecklich zerstrittenen Kinder, doch endlich Frieden zu schließen. Sie hat darunter in großer Einsamkeit sehr gelitten, aber es gibt auch sehr komische Momente, wenn sie mit Mutterwitz und Bauernschläue durch diese Welt kommt. Diese Rolle habe ich so sehr geliebt, dass sie mich noch lange begleitet hat, ihr Humor, bestimmte Formulierungen, die ich übernommen habe. So eine Figur bleibt bei dir.

Das Theater verlor in diesen Jahren für mich an Bedeutung. Ich genoss diese Intimität mit der Kamera, diese Vertrautheit, in der du eigentlich fast nichts mehr machen musst. Das Schöne bei der Kamera ist, dass du wirklich nur sehr konkret denken und deine Figur für dich entdecken musst. Am Anfang habe ich beim Film viel zu viel agiert, dabei ist die Kunst: Nichts zu machen und doch alles zu zeigen.

Bei den dreizehn Folgen der Klemperer-Tagebücher oder den drei Teilen vom »Laden« hast du unglaublich viel Zeit, um so eine Figur zu entwickeln, deswegen musst du dich nicht hetzen. Du hast nicht nur eine Szene in einem Film und denkst, du musst da alles reinpacken, damit sie auffällt. Das liebe ich auch jetzt am »Tatort« so sehr. Ich drehe eine Folge im Jahr, und noch weiß man von meiner Figur so gut wie nichts. Es kommt von mal zu mal immer etwas dazu, diese Zeit kann ich mir nehmen.

So etwas wie »Gift« im Theater, ein Kammerspiel, würde ich gern als Film machen, aber das klappte bisher leider nicht. Christian Schwochow, den Regisseur der Theaterinszenierung, habe ich nicht dafür begeistern können. Das wäre eben ein Zweipersonen-Stück im Film, aber dieses Stück verlangt eigentlich danach, dass die Kamera die beiden beobachtet, in so ein Extrem würde ich gern gehen. Aber vielleicht kommt das noch, man weiß ja nie …

KE: Bisher hat dir jedes Lebensalter schöne, schauspielerische Aufgaben geboten, auch und gerade nach der Wende, als andere, ebenfalls sehr begabte Kollegen plötzlich verschwanden. Regisseure und Produzenten aus dem Westen kannten sie einfach nicht.

DM: Das war sicher auch ein Generationenproblem. Ich war erst dreißig, das ging noch. Kolleginnen um die fünfzig hatten große Probleme und schafften es nur selten, anzukommen, obwohl sie sehr gute Schauspielerinnen waren. Also für mich ging es dann erst richtig los. Ich drehte schöne Filme und Fernsehproduktionen, spielte Theater, und dann kam noch das Musiktheater dazu, von dem ich nie gedacht hätte, dass ich da mal einsteigen würde. Das war wieder eine vollkommen neue Tür, die sich für mich öffnete.

Manche sagen: »Wenn du in die Vierziger kommst, dann wird's knapp!« Nein, es war eine schöne Zeit! »Wenn du in die Fünfziger kommst, dann wirst du nicht mehr so viel spielen …« Die waren in Wirklichkeit auch toll! Bald bin ich sechzig, und es gibt noch so vieles, was ich lernen, wissen, erfahren will. Dann öffnen sich sicher wieder neue Türen.

Die erste Produktion, bei der ich gesagt habe, das mache ich bedingungslos, waren die »Tagebücher« von Victor Klemperer, dessen Frau Eva ich spielte. Das waren zwölf Teile, mit einer Doppelfolge, also eigentlich dreizehn. Zweimal vier Monate drehte ich in Prag, mit den zwei großartigen Regisseuren Kai Wessel und Andreas Kleinert und mit Matthias Habich als meinem Partner, der seither ein enger Freund von mir ist.

Diese Zeit des Dritten Reiches beschäftigte mich schon immer, über Bücher näherte ich mich ihr an, schrieb auch selbst darüber. Klemperers Buch »LTI – Lingua Tertii Imperii« haben wir in der DDR verschlungen. Auch heute lassen Politiker manchmal Formulierungen verlauten, die LTI sind, ohne dass sie es bemerken. Wenn man nur an die absurde Debatte denkt darüber, ob der unselige Nazi-Begriff »völkisch« nicht wieder verwendet werden sollte! Da geht mir der Hut hoch. Klemperer sollte Pflichtlektüre in der Schule sein.

KE: Wir entdeckten damals in Klemperers Buch über die Sprache des Dritten Reiches auch viele Parallelen zum Propagandaton in der DDR.

DM: Klemperer erzog uns und schuf ein Bewusstsein für Sprache, auch deshalb wollte ich bei der Verfilmung seiner Tagebücher unbedingt dabei sein. Mit den beiden Regisseuren durfte ich eine Eva Klemperer entwickeln, die in seinen Aufzeichnungen gar nicht so stark präsent war. Ich konnte da sozusagen eine neue Frau schaffen, mit den wenigen biographischen Zügen, die Klemperer in seinen Tagebüchern hinterlassen hat. Das war für mich eine große Herausforderung. Sie muss sehr praktisch, sehr bodenständig gewesen sein, hatte einen wunderbaren Humor und ein großes Herz. Als Nichtjüdin erledigte sie viele Dinge, die ihm verwehrt waren. Klemperer erwähnt immer nur am Rand, wie sehr sie sich um ihn kümmerte und sorgte, vielleicht, um sie zu schützen. So erweiterten wir ihre Figur, und aus einer Nebenrolle in den Tagebüchern wurde die Geschichte eines Ehepaares in dieser finsteren Zeit. Mir gab das die wunderbare Möglichkeit, viel mehr Szenen mit Matthias Habich spielen zu können. Solche Fernseharbeiten wie »Der Laden« und »Klemperer«, mit dieser Feinheit, Sorgfalt und Gründlichkeit, mit diesem Rechercheaufwand und der Intensität der Arbeit, der Figurenentwicklung, vermisse ich heute.

KE: An den bewegenden »Klemperer« denke ich besonders gern, wenn es um deine Arbeit geht. Aber wichtig fand ich auch Strittmatters »Laden«, eine Art Lausitzer Heimatfilm. Seither hast du fast ununterbrochen gedreht, es ging eigentlich nach der Wende richtig los für dich.

DM: Das war auch wieder ein großes Glück. Also das Lenchen Matt im »Laden«, das waren alle drei Teile des Romans von Strittmatter, die wir verfilmten, und das war eine schöne Arbeit, eine wunderbare Rolle. Mit Jo Baier habe ich ja dann noch mal einen Film gedreht, »Nicht alle waren Mörder« nach dem Buch von Michael Degen. Ich habe wahnsinnig gern mit Jo gearbeitet. Er war immer ungewöhnlich gut vorbereitet. Du erhieltest für den nächsten Tag immer die genaue Aufstellung, wann welche Einstellung gedreht wird, welche Großaufnahmen es geben wird, wann es in die Totale geht, und trotzdem ließ er dir noch Raum genug, um etwas frei zu spielen. Gern ließ er die Kamera weiterlaufen, um zu sehen, ob noch etwas kommt. Das ist immer eine Liebeserklärung vom Regisseur an den Schauspieler.

Heftiger Gegenwind blies mir dann bei der Petra Kelly ins Gesicht. Eine ehemalige Ost-Schauspielerin spielt diese grüne, sehr umstrittene Politikerin. Die Grünen reden heute noch nicht gern über sie, dabei bewegte sie unglaublich viel. Mich beeindruckte sie sehr mit ihrer konsequenten, manchmal sogar rigorosen Haltung. Ich beschäftigte mich intensiv mit ihr, las ihre Texte und stieg tief in ihre tragische Geschichte ein. Dieser Film war für mich sehr wichtig. Dann kamen die Kinofilme: »Schtonk« mit Helmut Dietl, »Die Apothekerin« von Rainer Kaufmann, die Filme von Hans-Christian Schmid »Nach fünf im Urwald« und »Crazy«. In dieser neuen Welt, im Filmgeschäft, fand ich mich erstaunlich schnell zurecht, weil ich immer mit tollen Kollegen arbeiten durfte, von Anfang an mit der Crème de la Crème. Da entstanden Freundschaften, die bis heute halten.

KE: Und du kehrtest dann auch schrittweise zum Theater zurück, also zur alten, vertrauten Heimat.

DM: Mein Agent, der viel zu früh verstorbene Bernhard Hoestermann, brachte mich auf einen neuen Weg. Er meinte, ich solle nicht nur in Berlin, am Deutschen Theater oder am Berliner Ensemble spielen, sondern nach München gehen, an die Kammerspiele. Da habe ich dann »Traum im Herbst« von Jon Fosse gemacht, Regie führte Luk Perceval.

Mit Stephan Bissmeier zu spielen war natürlich ein Traum, das ist ein großartiger Kollege. Mein Gott, das war gar kein Spielen, sondern eine wertvolle Lebenserfahrung wie jetzt mit Uli Matthes in »Gift«. Man schaut sich an, man beginnt einfach und geht ein Stück des Weges gemeinsam. Dann sitzen auch Zuschauer dabei und freuen sich. Und man selbst freut sich auch. Es ist gar keine Arbeit. Wenn ich so spielen kann, dann merke ich, wie intensiv ich lebe. So war das auch mit Stephan Bissmeier, da sprang sofort der Funke über. Ich hatte schon seit über zwanzig Jahren Theater gespielt, aber für diese Rolle bin ich »Schauspielerin des Jahres« geworden.

KE: Auch wenn es solche gleichsam schwebenden Momente beim Spielen für dich gibt, bewegst du dich doch immer im Rahmen eines festgelegten Textes!

DM: Aber das sind gelebte Texte! Diese Liebesszenen zwischen Stephan und mir, wenn das Paar sich begegnet, obwohl er schon tot ist, aber sie können dennoch reden – die sind wunderbar scheu und zart. Das hatte eine solche Anmut, einen großen Liebreiz. Wir liebten diese Figuren so sehr, dass wir uns jedes Mal ganz hineingeworfen haben, wir waren in dem Moment wirklich dieses Paar auf der Bühne.

Natürlich weißt du gleichzeitig, dass du mit einem Text arbeitest, dass du da und dort stehen muss, dass es ein genaues Arrangement gibt. Das läuft alles parallel wie in der Musik ab, wenn ein Künstler, weil er die Partitur auswendig kennt, loslassen kann und musiziert. Das ist vielleicht das Schönste an künstlerischer Arbeit, wenn du diesen Moment bewusst erleben kannst, wenn du spürst, dass dieser Abend, diese konkrete Situation etwas mit dem Publikum und mit dir macht. Ich glaube, das ist es, was die Menschen bei der Aufführung von »Gift« ergreift. Wenn ich auf der Bühne weine, so sind das echte Tränen, weil mich die Geschichte in dem Moment so berührt, die Verzweiflung dieser Frau, die sagt: »Ich hab dieses Kind sterben sehen. Du nicht. Was willst du von mir?«

Ich muss dabei auch eine Schamgrenze überschreiten, weil ich gar nicht der Typ bin, der einfach auf die Bühne geht und losweint. Immer mehr suche ich nach Rollen, für die ich mich zurücknehmen muss, nichts vordergründig setze, sondern die Dinge geschehen lasse. Diese Macht finde ich spannend, Menschen zu verführen, ohne diese Fähigkeit jemals zu missbrauchen. Das reizte mich, und so habe ich mich dem Theater wieder mehr angenähert, als Gast am Deutschen Theater und am Berliner Ensemble, dort auch wieder mit Langhoff.

KE: Du hast gerade gesagt: Da merke ich, dass ich intensiv lebe. Ist dieses Spiel dann intensiver als das wirkliche Leben?

DM: Ich glaube, es ist ein Konzentrat meines Lebens. Wir werden doch so oft abgelenkt, weil wir viele Sachen gleichzeitig machen. Also, ich kenne mich, da läuft vieles parallel. Ich lebe sowieso sehr intensiv, aber in der Kunst zeigt sich dann ohne Ablenkung das Konzentrat dessen, was du erlebt hast. Wie ich vorhin über meinen Vater sprach, über meine Versuche, diesen Abschied zu verarbeiten, weiterzugeben, zu vergessen, zu verdrängen oder zu akzeptieren, das fließt alles in mein Spiel ein. Ich versuche, alles, was mir in letzter Zeit wichtig war oder was ich verlor oder verdrängte oder was ich auf keinen Fall vergessen möchte, in verschiedene Rollen einzubringen.

Bei dieser Form des Arbeitens, ob im Theater, im Film oder in einer Lesung, muss ich mich ungemein konzentrieren. Ich bin präsent, sitze erhöht auf einer Bühne, die Leute schauen mir zu, und ich kann mir keine Aussetzer oder Ablenkungen leisten. Das tut mir gut, denn ich kann durch die Konzentration Schichten abtragen, die ich normalerweise im Alltag nicht anrühren würde.

KE: Aber dir ist vermutlich immer bewusst, dass dir die Leute dabei zuschauen?

DM: Du möchtest sie für dich einnehmen, und dass sie dir folgen, wenn du eine Figur erschaffst, die hoffentlich in ihren Herzen ankommt. Das muss nicht immer nur positiv sein, es kann auch verstören. Natürlich will man beliebt sein, aber es reicht mir nicht, zu spielen, um geliebt zu werden. Ich mag es sehr, als Schauspielerin zu provozieren, etwas aufzureißen oder auch Texte zu lesen, die nicht sofort zum Lachen reizen oder prächtig unterhalten, sondern irritieren. Das ist meine Aufgabe hier.

Intermezzo
Matthias Habich, Schauspieler

Bei einem Dreh kommt man sich sehr schnell sehr nah, das ist so eine Art Übersprungshandlung. Man schwört sich dann immer ewige Treue, aber meistens löst sich die Bindung bald auf. Bei Dagmar war das anders. Wir haben andauernde geschwisterliche Gefühle füreinander, für mich ist sie eine kleine Schwester. Gerade ist bei mir mal wieder ein Päckchen mit selbstgebackenen Keksen von ihr angekommen, das tun wirklich nur wenige Kollegen oder Kolleginnen. Bei der Verfilmung der Tagebücher von Victor Klemperer haben wir neun Monate zusammengelebt, im selben Hotel, waren von morgens bis abends zusammen. Da das Thema nun schon ernst genug war, haben wir einen sehr unernsten Umgang gepflegt und, um das Gleichgewicht zu halten, herrlich herumgealbert.

Viele Kollegen betreiben das Spielen als Job, das ist bei ihr anders. Ich glaube, wenn man sie röntgen würde, entdeckte man in ihrem Inneren Brennstäbe, sie ist ein eigenes Kraftwerk, das eine Riesenmenge an Energie freisetzt. Sie überstrahlt mühelos ein ganzes Ensemble als ein Bühnenraubtier, nicht bissig, aber mit Krallen. Sie schafft sich den Raum, den sie als Schauspielerin braucht. Deshalb schaut man auf der Bühne auf sie, die so wunderbar expressiv und komödiantisch sein kann. Und sie ist schwer wiederzuerkennen, weil sie so wandelbar ist. Ich saß mal im Hotel eine Weile mit ihr am Tisch, habe sogar mit ihr gesprochen und sie nicht erkannt. Sie sah völlig anders aus als sonst. Vielleicht hatte sie sich verkleidet, um mich zu verblüffen. Das wäre ihr zuzutrauen.

»Ich kann der Kamera vertrauen«

KE: Der internationale Kinoerfolg »Schtonk« von 1992, die grandiose Komödie über die gefälschten Hitler-Tagebücher war eine, wenn ich das so sagen kann, große West-Produktion mit Stars wie Götz George und Harald Juhnke. Sie stehen für die bundesdeutsche Filmgeschichte. Wie war das für dich? Fühltest du dich fremd?

DM: Ja, total! Dann kam noch dazu, dass ich anfangs eine sehr große Rolle hatte, viele Szenen mit dem Fälscher, also mit Uwe Ochsenknecht. Es war eigentlich die weibliche Hauptrolle, die Frau des Fälschers, und sie machte mir sehr viel Spaß. Bei der Premiere war der Film ein Riesenerfolg, und ich fand ihn auch hervorragend. Dann lag ich nachts im Hotelbett und dachte: Komisch, wo sind denn die ganzen Szenen hin? Da fehlte sehr viel. Helmut Dietl sagte später: »Dagmar, sei mir nicht bös', ich musste ein paar Sachen rausnehmen.«

Wir waren am Anfang viel präsenter im Drehbuch, im Schnitt verlagerte sich das alles. Inzwischen verstehe ich, dass es richtig war, die Geschichte mehr über Georges Figur, den Reporter, als über den Fälscher und seine Frau zu erzählen. Aber erstmal war das für mich ziemlich hart, eine Kröte, die ich schlucken musste.

KE: Du hast dann sehr lange nicht mehr mit Dietl gearbeitet.

DM: Aber nicht deswegen. Er machte eben Filme, in die

ich als Schauspielerin nicht reinpasste. Aber er hat mich immer sehr geschätzt und genau verfolgt, was ich machte. Während der Vorarbeiten zu seinem letzten Film »Zettl«, die sich über drei Jahre hinzogen, trafen wir uns immer wieder und sprachen über das Projekt, in das er nicht nur sein Herzblut, sondern auch sein Geld hineingab. Ja, er konnte sehr schwierig sein, aber er war immer ganz entschieden, wusste genau, was er wollte, strebte immer nach dem höchsten Niveau. Die Arbeit mit ihm war wunderbar, auch wenn es manchmal am Set angespannt zuging. Er konnte sehr ungerecht sein. Das erlebte ich selbst, und dennoch habe ich großen Respekt vor ihm. Bei diesen beiden Filmen mit ihm lernte ich sehr viel. Er konnte sehr genau zusehen und wichtige Dinge genau auf den Punkt bringen. Er war ein großer Regisseur und hat wichtige Filme gemacht. Manche waren weniger gut, manche waren sehr gut, einige waren Weltspitze. Ich konnte bei »Zettl« mit überragenden Leuten wie Gert Voss spielen. Einmal mussten wir auf eine Einstellung sehr lange warten. Ich saß mit Voss im Wohnwagen, und er erzählte mir, wie er zum Theater gekommen ist, von seinen ersten Arbeiten mit Tabari und Zadek. Wir beide haben gesagt: Wir müssen zusammen Theater spielen! Ich habe ihn so verehrt! Das war für mich eine sehr schöne Begegnung.

KE: Du spieltest den Berliner Bürgermeister als eine transsexuelle Figur, ein Einfall, den ich nicht so recht verstanden habe.

DM: Das war eine erfundene Figur, die weder etwas mit dem damaligen Bürgermeister Wowereit oder einem seiner Vorgänger zu tun hatte. Dietl wollte einen Sumpf der Korruption und Abhängigkeiten aus Politik, Medien und Wirtschaft offenlegen und hat das auf die Spitze getrieben. Ich fand diesen satirischen, auch grotesken Ansatz, mit dem er sich in die Nesseln setzte, großartig. Aber es hat nicht funktioniert.

KE: Der Film wurde 2012 ein fürchterlicher Fehlschlag.

DM: Ich litt damals körperlich darunter, weil der Film extrem verrissen wurde, auf allen Ebenen. So schlecht kann ein Film doch gar nicht sein, dass er so zerfetzt wird, dachte ich. Dietl hatte sich ja mit allen Journalisten angelegt, er konnte kräftig austeilen, und jetzt schossen sie zurück. Als er dann krank wurde und starb, war er auf einmal der Größte. Das war für mich das Letzte! So geht man nicht mit Menschen um.

KE: Ich mochte »Zettl« auch nicht. Der ausufernde, überambitionierte Film traf für mich weder als Mediennoch als Politsatire das Wesen der neuen Berliner Republik. Aber ich würde nicht sagen, dass das ein Zurückschießen war, ich kannte Dietl gar nicht. Ich hatte ihn vor langer Zeit einmal interviewt, was übrigens ein sehr angenehmes Gespräch war, also er hatte mir wirklich nichts getan. Das komplette Scheitern von »Zettl« war einfach nur tragisch.

DM: Ja gut, man muss den Film nicht mögen. Ich habe dann den Deutschen Schauspielerpreis bekommen und zwar für die Mutterfigur in »Die Unsichtbare« und für die Rolle der Bürgermeisterin in »Zettl«. In der BILD-Zeitung stand: Frau Manzel bekommt einen Preis für den schlechtesten Film aller Zeiten. Ich dachte: Ihr seid doch einfach blöd. Dann rief ich Dietl an, es war mein letztes Telefonat mit ihm. Er freute sich sehr darüber, dass ich auch für »Zettl« ausgezeichnet worden war. Ich sagte:

»Komm, wir versuchen es noch mal, machen was ganz anderes.« Er sagte nur: »Nein.« Er hatte mit allem abgeschlossen. Das tat mir so leid, weil ich ihn wirklich sehr schätzte, selbst wenn seine letzten Arbeiten vielleicht nicht mehr diese Kraft hatten wie seine ersten Filme. Das mag schon sein, aber trotzdem muss man ihn respektieren.

KE: Wirst du denn noch als ostdeutsche Schauspielerin wahrgenommen? Oder bist du inzwischen eine gesamtdeutsche Künstlerin?

DM: Ich denke, mehr gesamtdeutsch. Corinna Harfouch und ich haben das wohl beide geschafft. Ich bewundere sie sehr, ihre Rollenauswahl, ihre Filme. Ich freue mich einfach über ihre Erfolge. Wenn ihr was von mir gefallen hat, schreibt sie mir und umgekehrt. Das ist schön. Wir können von uns sagen: Wir kommen aus dem Osten, wir haben unsere traditionelle, schauspielerische Ausbildung mitgenommen, unsere Geschichte, unsere Erfahrungen. Uns beiden gelang dieser Sprung, woanders Theater zu spielen, woanders zu drehen, mit anderen Regisseuren zu arbeiten. Das sehe ich als Privileg an, auf das ich sehr stolz bin. Alle, die nach uns kommen, haben es sowieso leichter. Bei den jüngeren Schauspielerinnen weiß man gar nicht mehr so genau, ob sie aus dem Osten oder dem Westen kommen.

KE: Du bist ganz offensichtlich eine Künstlerin, die Kollegen bewundern kann, die sich über Erfolge anderer freuen kann. Ist diese Bewunderung nicht auch ein gutes Mittel gegen Neidgefühle?

DM: Ich kenne solche Augenblicke natürlich auch, wenn ich neidisch bin oder denke: Warum bekommt die jetzt diese Rolle, warum spielt der in diesem Film? Davon bin ich nicht frei, ärgere mich allerdings immer wahnsinnig über mich selbst. Vielleicht hat es auch mit dem Alter und schönen, eigenen Arbeiten zu tun, dass das immer seltener geschieht. Ich kann mich wirklich sehr für Kollegen begeistern, für ältere und jüngere, denen ich neidlos zuschauen kann und mir dann sage: Was der kann, ist einfach unglaublich! Im gewissen Sinne gebe ich damit etwas von dem Zuspruch weiter, den ich glücklicherweise selbst erfahren habe. Ich weiß einfach, wie schön das ist, darum verschenke ich mein Lob wirklich gern.

KE: Für welche deiner Filme bist du besonders dankbar? Welche müssten in einer Dagmar-Manzel-Retrospektive unbedingt laufen?

DM: Da wären schon einige, natürlich »Die Unsichtbare« von Christian Schwochow, das war eine sehr schöne Rolle. Ich spielte eine völlig überforderte, berufstätige, überarbeitete Mutter, die sich ständig fragt, warum andere mit dem Alltag besser zurechtkommen, warum ihr Leben so schwierig ist. Ihr Beruf ist ja auch so undankbar, sie schreibt die Verkehrssünder auf. Sie hat eine Tochter mit einer Behinderung, die andere befindet sich heftig in der Pubertät, und obwohl sie beide Mädchen sehr liebt, fühlt sie sich diesen nicht mehr gewachsen. Sie weiß nicht, wie sie mit den Töchtern in dieser Situation umgehen soll. Das war mir so vertraut. Wie oft dachte ich, dass ich als Mutter vollkommen falsch reagiert habe. Darum rührt es mich auch so, dass diese Frau dann doch diesen Stolz auf ihre Töchter zeigen kann, das sie Stärke und Selbstbewusstsein gewinnt. Das war meine erste Arbeit mit dem wunderbaren Regisseur Christian Schwochow, den ich sehr liebe.

KE: Sicher war auch die »Die verlorene Zeit« von Anna Justice eine sehr wichtige Arbeit. Diese Geschichten von Holocaust-Überlebenden begleiten dich ein Leben lang.

DM: Das ist mein ewiges Thema. Dieser Film erzählt von den vertriebenen und ermordeten deutschen Juden, die unsere Kultur so tief geprägt hatten. Schon im Drehbuch rührte mich diese Szene zu Tränen, wenn die Heldin nach über zwanzig Jahren erfährt, dass der Mann, den sie einst liebte und für tot hielt, den Holocaust doch überlebt hat, wenn sie ihn anruft und seine Stimme hört. Sie hatte ein ganz normales Leben geführt, mit einem anderen Mann, einer Tochter, und dann geschieht dieses Unvorstellbare. Wie spielt man das? Was passiert da mit einem? Das sind die Momente, die mir wahnsinnig wichtig sind und denen ich als Schauspielerin nachgehen möchte, um sie zu begreifen. Ich bleibe immer bei Stolpersteinen stehen und denke an diesen ungeheuerlichen Vorgang: Gezwungen zu sein, das Haus mit einem Koffer zu verlassen, in einen Waggon zu steigen, in die Gaskammer getrieben zu werden, mit Hunderten schreienden Menschen zu sterben. Das war immer ein ganz konkretes Leiden, man kann es nicht abstrahieren. Damit es nicht vergessen wird, habe ich die Aufgabe, daran zu erinnern, etwa, wie weh es noch nach Jahrzehnten tut, einen Menschen auf so furchtbare Weise zu verlieren.

KE: »Die verlorene Zeit« von 2011 ist sicher einer deiner wichtigsten Filme, weil er eindrucksvoll das Grauen in diese ganz persönliche Geschichte einer Frau übersetzt, die aus ihrem neuen, alltäglichen Leben durch die Rückkehr der Vergangenheit gerissen wird. Auf ganz andere, heiter-melancholische Weise war 2013 auch »Stiller Sommer« ein persönlicher Film, in dem du kaum ein Wort sprichst.

DM: Ich liebe diesen Film, denn er bescherte mir den entspanntesten Dreh, für den ich überhaupt keinen Text lernen musste. Nur kurz am Anfang gibt es ein paar Sätze, wenn meine Figur die Stimme verliert und ganz am Schluss sage ich zwei Worte auf Französisch. Zunächst war ich schon etwas verblüfft, als die Regisseurin Nana Neul mir sagte, sie wolle einen erotischen Film mit mir drehen, in dem ich Sex mit einem viel jüngeren Mann haben würde, aber sie hat ein so einnehmendes Wesen, dem man sich nicht entziehen kann, sie kreist dich ein und ist dabei so behutsam, nie bedrängend, dass man ihr nichts abschlagen kann. Diese Regisseurin bezauberte mich mit ihrer Geschichte und tat meinem Selbstbewusstsein gut. Ich trage in ihrem Film sommerliche Kleider, bin eine schöne, begehrenswerte Frau und verführe den von dem sehr attraktiven Arthur Igual gespielten Freund meiner Tochter. Eine reife Frau ohne Stimme, die auf schöne Weise altert und plötzlich vieles wagt. Warum soll sie sich nicht in diesen jungen Mann verlieben? Warum soll sie nicht mal probieren, wie es ist, wenn man gewisse Pilze isst?

KE: Du hast vorhin von diesem meditativen, schwebenden Zustand auf der Bühne gesprochen, wo du fast zum Medium wirst. Beim Drehen stelle ich es mir sehr schwer vor, diesen Zustand zu erreichen.

DM: Doch, das geht auch beim Film. Ich erlebte es immer wieder, dass ich gewissermaßen durch die Kamera hindurchgehe, dass ich ihr vertrauen kann und gar nichts mehr wahrnehme. Bei Krimis hat das diese Kommissarin Lund, wenn du die Reihe mit Sofie Gråbøl kennst.

Mich fasziniert, wie sie fast abgewandt spielt, man versucht, einen Blick von ihr zu erhaschen. Schaut sie dann doch mal in Richtung Kamera, ist man erstaunt und beeindruckt von ihrer Intensität.

Ein Film, der mich tief prägte, ist »Stalker« von Tarkowski, den ich wohl schon zwanzig Mal sah. Fast am Ende spricht die Frau von Stalker, also von diesem Führer durch die geheime Zone, einen Monolog, in dem sie erzählt, wie sie mit ihm lebt. Mir klappte die Kinnlade herunter, als ich das zum ersten Mal sah. Ich dachte: Mein Gott, so spannend kann ein Film sein. Eigentlich tut sie nicht viel, außer ihre Geschichte zu erzählen, doch diese Sätze klingen, als entstünden sie genau in diesem Augenblick. Es war vollkommen gleichgültig, wie sie aussah oder wie sie wirkte. Sie war einfach in diesem Augenblick da. Das war groß. Nach so einem Film sehne ich mich sehr.

KE: Viele deiner Filmfiguren bewahren ein Geheimnis, sie zeigen uns viel, doch spürt man immer, dass unter der Oberfläche Unausgesprochenes liegt, vielleicht auch Ungedachtes. Warum gehört dieser verborgene Anteil zu deinen Rollen?

DM: Das hat eine große Poesie in der Kunst, wenn man eine Frau auf der Bühne abgewandt sitzen sieht. Sie greift uns nicht frontal an. Man hört ihr zu und hat als Zuschauer die Möglichkeit, diesen Menschen selbst zu entdecken. Das sind diese magischen, unerklärlichen Momente, der Blick nach unten, der abgewandte Körper, und auf einmal verliebst du dich in einen Menschen, nur weil er sich mit der Hand durchs Haar streicht und dich dann anlächelt. Sich solche Momente bewusst zu machen, sie zu beobachten und aufzunehmen, Sensoren dafür zu entwickeln, auch das macht unseren Beruf aus.

Ich denke an das berühmte Bild von Gerhard Richter von dieser Frau, die sich von uns wegdreht, oder an die Arbeiten des tschechischen Fotografen Josef Sudek, die eine Offenbarung für mich waren. Seine stark belichteten Bilder von den leeren Stühlen erzählen genau das, was ich mit meiner Arbeit erreichen will: diese Klarheit, diesen direkten Ton, der die Menschen erreichen und bannen soll. Aber man darf nicht alles zeigen, nicht alles verraten, weil das Leben ein großes Geheimnis ist, das gewahrt werden muss.

KE: In dieser Retrospektive müsste dann sicher auch »John Rabe« laufen, ein aufwendiger deutscher Historienfilm von 2009, der den Deutschen Filmpreis erhielt. Der von Ulrich Tukur gespielte John Rabe, der als Oskar Schindler von China gilt, rettete 1937 eine viertel Million Menschen vor dem Tod. Die Dreharbeiten fanden in China statt?

DM: Die Geschichte spielt in Nanjing, gedreht haben wir in Shanghai. Ich war dann einmal vier Wochen und dann nochmal zwei Wochen dort. In den ersten vier Wochen waren sogar meine Freundin Heike und mein Sohn Paul dort, wir haben zu dritt dort gelebt. Einen Tag vor Beginn der Dreharbeiten sagte mir der Regisseur Florian Gallenberger, dass ich in dem Film Englisch sprechen muss, was erstmal Panik bei mir auslöste. Florian lachte nur: »Dagmar, das machst du schon!« Heike paukte dann Abend für Abend mit mir die Dialoge, am Ende machte es mir sogar Spaß.

KE: Diese Geschichte eines gläubigen Nazis, der zum Lebensretter wird, ist faszinierend. Ich fand nur, dass das Widersprüchliche seiner Persönlichkeit in den Konventionen des Historiengenres nicht ausreichend zur Geltung kam.

DM: Was mich auch sehr an der Geschichte interessierte, konnte im Film leider nicht erzählt werden, obwohl Florian darüber nachgedacht hatte. Rabe und seine Frau lebten nach ihrer Rückkehr nach Nazi-Deutschland in schlimmster Armut, über seine mutige Leistung durfte er nicht sprechen, er starb einsam und unerkannt. Das war spannend für mich: Zu erzählen, wie einer, scheinbar in der Zeit sich bewegend, in einem Land aus der Zeit fällt, dessen Nazi-Ideologie er einst vertreten hatte, sicher mit einer gewissen Naivität. Ich wusste nichts von John Rabe, und es hat mich natürlich sehr interessiert, was er für ein Mensch war. Es war übrigens schwierig für mich, eine solche Geschichte über mutigen Widerstand in einem Land zu drehen, in dem man in Interviews nicht über Mao sprechen darf, einen millionenfachen Mörder, dessen Bild noch immer auf den Geldscheinen zu sehen ist.

KE: Nicht vergessen wollen wir »Frei nach Plan« von Franziska Meletzky aus dem Jahr 2007, ein Film, den ich mir als ein Freundschaftsprojekt vorstelle, weil für dich so wichtige Kolleginnen wie Corinna Harfouch und Christine Schorn dabei waren.

DM: Ja, genau. Ich hatte ja auch in Franziska Meletzkys erstem Film mitgespielt, »Nachbarinnen«, das war 2004, mit der berühmten, wunderschönen, polnischen Schauspielerin Grażyna Szapołowska, die ich im »Dekalog« von Kieślowski bewundert hatte. »Nachbarinnen« erzählt eine schöne, ungewöhnliche Liebesgeschichte. Eine Frau sperrt eine andere Frau ein, weil sie sie nicht aus ihrem Herzen lassen will, immer spürend, dass eine Liebe unter solchen Umständen kaum bestehen kann.

In »Frei nach Plan« spielte ich zum bisher einzigen Mal

mit Kirsten Block und Corinna Harfouch zusammen. Sie spielten hervorragend meine Schwestern, Christine Schorn als Mutter war ohnehin brillant. Wir sind uns alle sehr nahegekommen.

KE: Ich fand es reizvoll, dass ihr etwas gegen den Strich besetzt wurdet. Du bist die rebellische Tochter, die Rockerin, Corinna Harfouch dagegen die Sanfte.

DM: Genau, sie ist diejenige, die sich stets unterwirft und nie über ihre Bedürfnisse spricht. Stimmt, das wäre auch eine Rolle für mich gewesen, aber Corinna hat es so wunderbar und komisch gespielt, ich war echt begeistert von ihr. Hier war ich die Renitente, die Frau mit den vielen Kerlen, die Wilde, die sich einfach nimmt, was ihr gefällt, die sich nicht um Normen kümmert. Das ist jetzt nicht unbedingt »My Cup of Tea«, aber ich spielte es natürlich gern, weil ich große Lust hatte, auch das einfach mal so rauszulassen. In »Nachbarinnen« spielte ich genau das Gegenteil, eine Frau, die immer so tut, als gehe es ihr gut, die ganz zurückgezogen lebt und dann plötzlich aufblüht, als diese schöne Nachbarin erscheint, was mir wirklich sehr gefallen hat. Hier bei »Frei nach Plan« wollte Franziska mich im anderen Extrem, auch das fand ich schön. Diese drei Schwestern haben völlig unterschiedliche Biografien und geradezu gegensätzliche Charaktere. Sie sind gezwungen zueinanderzukommen, als die Mutter stirbt. Da fallen plötzlich alle Konflikte zusammen, und sie finden als Schwestern zu ihren gemeinsamen Wurzeln, zur Familie zurück. Das fand ich so ermutigend, denn wir sind doch auch eine große Familie, auch bei uns gibt es Konflikte zwischen den Geschwistern, was doch jeder kennt. Aber wenn es drauf ankommt, dann sind sie alle da.

KE: Nach langer Zeit konntest du 2015 in dem Fernsehfilm »Besuch für Emma« von Ingo Rasper im Zusammenspiel mit Henry Hübchen wieder etwas von deinem Berliner Humor zeigen. Ihr beide habt wirklich sehr glaubwürdig berlinert.

DM: Mit Henry kann man herrlich improvisieren. Eigentlich hatte ich überhaupt keine Zeit, eine Opernaufführung stand an, ich drehte gerade den »Tatort« und zog auch noch um. Es geht definitiv nicht, dachte ich. Eine Hauptrolle, dreiundzwanzig Drehtage, vergiss es einfach. Dann las ich das Drehbuch und dachte: »O Gott, ist das eine schöne Figur!« Ich verliebte mich in diese Emma, eben weil sie so einen wunderbaren Berliner Humor hat und so unsentimental ist, auch, weil sie eine ganz einsame, aber nicht selbstmitleidige Frau ist, die sich immer sagt: »Anderen geht es ja noch viel schlechter als mir.« Die Kassiererin Emma stiehlt die Geldtaschen ihrer Kunden, um sie dann anzurufen und zu sagen: »Ich habe Ihr Portemonnaie gefunden, holen Sie es bei mir zu Hause ab.« Das ist ihr Mittel gegen die Einsamkeit, sie kocht dann schön, hofft auf eine ernsthafte Beziehung. Ich war in der Zeit, in der ich drehte, die Emma, habe mich verhalten wie sie. Nach der Ausstrahlung stand ich an der Kasse in der Kaufhalle, und da sagte die Kassiererin: »Ich hab ihren Film gesehen. Er hat mir sehr gefallen.« Und ich sag': »Wissen Sie, das ist das schönste Kompliment, das ich kriegen kann.« Es wäre so schön, wenn sich die ARD zu einem zweiten Teil durchringen könnte.

Intermezzo
Christian Schwochow, Regisseur

Ich bin Dagmar für meinen zweiten Kinofilm, »Die Unsichtbare«, begegnet. Wir trafen uns in ihrem Lieblingscafé in Pankow. Es war keine Hautrolle, die ich ihr da angeboten habe, die Mutter der Hauptfigur – aber ich wollte sie unbedingt dafür. Wir haben uns dann sehr schnell über private Dinge unterhalten. Ich war noch nicht Vater, stand aber kurz davor, einer zu werden, und Dagmar sprach über ihre beiden Kinder. Wir hatten sofort das Gefühl, wir würden uns schon lange kennen. Dagmar hatte eine große Klarheit und eine genaue Vorstellung davon, wie wir an ihrer Figur noch arbeiten sollten. Nicht, um sie größer, sondern, um sie reicher zu machen. Das war keine Schauspieler-Eitelkeit, sondern das Bedürfnis, noch mehr in die Tiefe zu gehen. Mir hat das unheimlich gut gefallen. Das war kein Geschacher, und sie hat dann auch sehr schnell zugesagt. Sie hatte nur wenige Drehtage, aber sie hat mir mit ihrem Vertrauen viel geschenkt und diese Figur einer alleinerziehenden Mutter mit großer Intensität und Wahrhaftigkeit gespielt. Dafür gab es dann für sie den Deutschen Filmpreis.

Bei meiner ersten Theaterarbeit, »Gift«, hat das Deutsche Theater sie mit Ulrich Matthes zusammengebracht, zwei so große »Tiere«, da ist es nicht selbstverständlich, dass das gelingt. Neuland für mich, ich hatte wirklich die Hose voll, trotzdem war ich schon bald etwas beruhigt, weil ich schnell verstanden habe, Dagmar und Ulrich lieben es, mit-

einander zu spielen. Sie wissen, dass sie sich gegenseitig noch besser machen. Es geht hier um zwei Eltern, die ihr Kind verloren haben. Das Großartige war, dass wir am Anfang gar nicht geprobt haben. Wir haben uns einfach zu dritt über das Leben unterhalten, über Kinder, und was Verlust bedeutet. Ich hatte da meine Tochter schon. Bei dieser Produktion gab es ganz klar die Verabredung: Wir reden auf der Bühne von unseren Ängsten, von unseren Abgründen, von dem Wahnsinn … auch wenn wir diese Art von Verlust zum Glück nicht erlebt haben. Das ist ein sehr erfolgreicher Abend geworden. Und noch bei der fünfzigsten Vorstellung hatte sich bei den beiden nichts eingeschliffen. Dagmar holt das alles unmittelbar aus sich heraus. Es mag abgegriffen klingen, wenn man sagt, da überschreitet jemand beim Spielen Grenzen. Doch bei Dagmar stimmt das, sie geht viel weiter, als sie müsste, weil die Leute doch oft mit Mittelmäßigem zufrieden sind. Aber Dagmar spielt jedes Mal um ihr Leben.

»Jeder Abend ist ein Geschenk für mich«

KE: Du hast eine ausgebildete Gesangsstimme, einen Sopran, der dich durch große Aufführungen in der Komischen Oper Berlin trägt. Wie kam es dazu, dass du diese zweite Karriere begonnen hast?

DM: Ich musste viele Jahre an der Stimme arbeiten. Der musikalische Leiter des Deutschen Theaters, Uwe Hilprecht, brachte mich darauf. Wir probten ein Stück von Sternheim, »Nebbich«, in dem ich eine Opernsängerin spielte. Sie singt auch ein paar Arien. Er sagte, man könne die aufnehmen und einspielen, aber ich solle doch versuchen, auf der Bühne live zu singen. Er vertraute meiner Stimme, und so machten wir es. Ich bin schon ehrgeizig und wollte unbedingt einen Gesangslehrer dafür, und so ging ich zu Günther Giese, der Chorsänger an der Deutschen Staatsoper ist. Er wurde mir ein guter Freund und begleitete mich vom Beginn meiner Sängerinnen-Laufbahn an. Zum ersten Mal hatte er mich im Theater gesehen. Ich spielte die Kunigunde im »Käthchen von Heilbronn« offenbar so überzeugend bösartig, dass er regelrecht Angst vor mir hatte. Am nächsten Tag klingelte ich bei ihm. Er öffnete die Tür, war etwas eingeschüchtert und dann sehr froh, dass ich ganz normal erschien. Wir verstanden uns sofort gut, ich habe ihm viel zu verdanken. Er arbeitete hart mit mir, an meiner Atmung, an der Stimmlage und brachte mich vom Mezzo bis in den Sopran. Meinen Stimmumfang erweiterte er über drei Oktaven.

KE: Ohne eine professionelle Stimmtechnik könntest du die großen Abende in der Komischen Oper vermutlich auch nicht durchstehen?

DM: Genau, dank der Technik, die mir Günther beigebracht hat, geht es eben auch weiter, selbst wenn es mir in der Höhe zu anstrengend wird oder wenn ich Stimmprobleme habe. Das rettete mich schon oft. Er bildete meine Stimme richtig aus, was mir sehr geholfen hat, vor allem, weil ich vom Musical und der Operette auch immer wieder in die Klassik gehe, wo ich Arien singe, für die man sehr intensiv mit Stimme und Atem arbeiten muss. Ich bin keine Opernsängerin. Vor diesem Beruf habe ich tiefen Respekt und bin froh, nicht diesem Druck ausgesetzt zu sein, denn ich bin und bleibe eine singende Schauspielerin. Also: Schuster, bleib bei deinen Leisten. Mein Pfund ist, dass ich schauspielerisch erfahren bin und stimmlich diese Ausbildung habe und dass ich beides vereinen kann.

Es geht mir immer um das Musiktheater im besten Sinne, um das Darstellen von Figuren im musikalischen Theater, also um die von Walter Felsenstein in der Komischen Oper begründete Tradition, die Barrie Kosky auf seine Art weiterführt. Da fühle ich mich am richtigen Platz und möchte so lange, wie es geht, auf der Bühne stehen und mitmischen.

KE: Du kommst vom Schauspiel. Gibt es da sängerisch auch Grenzen?

DM: Natürlich gibt es die. Ich könnte ohne Verstärkung nicht auf der Bühne in der Komischen Oper singen, dazu bräuchte ich eine große Opernstimme. Aber

dafür kann ich andere Sachen machen, die für Opern-
sänger nicht so geeignet sind, weil ich sehr schnell in die
Sprache gehe, weil ich komödiantisch und pointiert sein
kann. Der Sänger geht über den Klang, ich gehe mehr
über den Text. Geniale Sänger können das natürlich beides vereinen.

KE: Du kannst im Musiktheater die große Show ablie-
fern, darfst glamourös und divenhaft sein. Haben solche
Inszenierungen wie »Kiss Me, Kate« dennoch auch etwas
mit dir zu tun?

DM: »Kiss Me, Kate« hat sehr viel mit mir zu tun, ich
habe diese Figur ins Berliner Wesen übertragen. Barrie
Kosky, der sich künstlerisch in mich verliebte, ließ mir
diese unglaublich große Freiheit. Wir haben jetzt schon
vier Produktionen zusammen gemacht, sind jetzt gerade
bei der fünften. Das ist so, als würden sich zwei Kinder
im Buddelkasten treffen und anfangen, eine eigene Welt
zu bauen. Wir sitzen dann da und sagen uns: »Komm,
wir machen das mal so …« – »Nein, lieber so!« – »Lass
mich das mal so probieren!« – »Ich hab da eine super
Idee …« Es beginnt ganz spielerisch, weil wir uns so füreinander begeistern können. Ich bin so dankbar, dass
ich ihm begegnet bin und mit ihm zusammenarbeiten
darf.

KE: Ich finde es geradezu unerklärlich, auf wie vielen,
höchst unterschiedlichen Feldern er Originelles schafft.

DM: Er erfindet sich immer wieder neu. Normalerweise hat ein Regisseur eine bestimmte Handschrift. Bei
ihm, wenn man »Totentanz« »Moses und Aron«, »Kiss
Me, Kate« oder »West Side Story« sieht, dann sind das
völlig unterschiedliche Erzählweisen. Ich finde diese immer neuen Ansätze unglaublich. Seine Handschrift ist

sein Herz. Geschichten, Musik, Sehnsüchte, alles geht durch ihn hindurch und entzündet seine Phantasie.

Er ist neugierig und lässt sich anregen, auch von anderen Künstlern, er ist nicht so eitel, dass er andere wegbeißt, sondern lässt alle zu sich ins Haus kommen, gute Leute auf allen Ebenen, von denen er sich bereichern lässt. Diese Begegnung war für mich im Leben und im Beruf existenziell. Ich hatte während meiner ganzen Zeit als Schauspielerin das große Glück, Menschen zu begegnen, die mich förderten und künstlerisch prägten. Als ich Barrie Kosky das erste Mal traf, wusste ich zwar, dass die Arbeit mit ihm völlig neu und außergewöhnlich sein würde, aber dass ich einen so einzigartigen Künstler und liebevollen Freund fand, ist und bleibt ein großes Geschenk. Ich sagte ihm: »Ich danke jeden Tag deinen Eltern, dass du geboren worden bist. Und dass du aus Australien nach Berlin gekommen bist.«

KE: Und er hat deiner Mutter mal gedankt, dass sie dich geboren hat.

DM: Stimmt, das hat er mal gesagt. Etwas Besseres als er konnte mir allerdings gar nicht passieren. Hätte ich denn vor der Wende gedacht, dass ich an der Komischen Oper spielen und singen werde? Für mich war das immer das große Haus schlechthin. Dass ich dort auf der Bühne stehen und eine Vorstellung nach der anderen spielen würde, ist eigentlich immer noch unglaublich. Barrie Kosky sagte nach der Premiere von »Eine Frau, die weiß, was sie will!«, er habe das Gefühl, wir kennten uns seit über tausend Jahren. Wir hätten irgendwann in der Wüste im Sand gespielt und überlegt, wie man zusammen Musiktheater machen könnte. Es gibt so viele Parallelen zwischen ihm und mir, dieser Humor und was uns berührt, was uns aufregt, was uns begeistert, was uns enttäuscht. Jede Probe mit Barrie ist ein Vergnügen, auch wenn man sich manchmal quält und nicht weiterkommt oder unzufrieden ist. Aber es ist immer mit Spaß und Lebensfreude verbunden, die Arbeit hat etwas Bejahendes.

KE: Wie bist du überhaupt zum Musiktheater gekommen?

DM: Barrie Koskys Vorgänger als Intendant an der Komischen Oper, Andreas Homoki, sah mich am Deutschen Theater in Offenbachs »Großherzogin von Gerolstein«. Es hatte sich unter Opernleuten rumgesprochen, dass wir da am Sprechtheater sehr erfolgreich eine Operette spielten. Dann sagte Homoki: »Wir machen jetzt ›Sweeney Todd‹, die Manzel wäre doch eine super Mrs. Lovett.«

Sicher war das überhaupt das Schwerste, was ich als Einstieg haben konnte, denn der Autor und Komponist Stephen Sondheim ist für mich der Gott des Musicals. Ich hoffe, dass ich noch einmal in meinem Leben Sondheim singen darf, vielleicht erneut die Mrs. Lovett und dann am liebsten auf Englisch. Diese wunderbaren Liedtexte müssen eigentlich auf Englisch gesungen werden.

So holte mich Homoki 2004 zu meiner ersten Spielzeit an die Komische Oper. Barrie sah mich und bot mir »Kiss Me, Kate« an. Konsequent wie er ist, ließ er das Stück auch gleich neu übersetzen, denn in der deutschen Fassung aus den Fünfzigern waren viele Anspielungen, auch die erotischen, geglättet worden. Dann gingen die Proben mit Barrie los. Ich dachte: »Was ist das denn? Das ist ja viel zu schön, um wahr zu sein.« Ich freute mich auf jede Probe. Das Singen liebte ich schon in der »Gerolstein« im DT, aber hier, an der Komischen Oper, war es noch mal eine unglaubliche Steigerung.

KE: Hat diese Offenheit von Barrie Kosky für Unterhaltungsgenres wie Musical und Operette etwas mit seiner Biographie zu tun?

DM: Erst einmal ist er Musiker durch und durch, er spielt phantastisch Klavier und kennt sich in der Partitur bestens aus. Er ist wirklich offen, total unspießig. Das hat sicher etwas mit seiner jüdischen Herkunft zu tun, und er wurde in Australien geboren. Dieser Unterschied, den die Deutschen immer machen, zwischen Unterhaltungs- und ernster Musik interessiert ihn gar nicht. Er hat überhaupt keine Berührungsängste, er mischt die Dinge einfach. Er wunderte sich nur, wie viele Sachen wir nicht kennen. Große Musicals der zwanziger und dreißiger Jahre, die seit siebzig Jahren verschwunden waren.

KE: Wie erarbeitet ihr euch diese musikalischen Rollen, gibt es da eine bestimmte Methode?

DM: Wir gehen schnell sehr tief in die Details hinein, auch in die Empfindungen. Manchmal sage ich: »Ich kann das gar nicht singen, weil ich dann weinen muss. Mir tut das Lied weh.« Dann leiste ich richtig Trauerarbeit. Das ist genau wie bei dem Andersen-Märchen »Das kleine Mädchen mit den Schwefelhölzern«. Ich konnte es meiner Tochter nie bis zum Ende vorlesen, weil ich immer weinte. Sie hat die Geschichte nie bis zum Schluss gehört. Jetzt muss ich auch durch Lieder, die weh tun, darum singe ich sie mit einer gewissen Distanz. Die Leute sollen berührt werden, es geht nicht um meine Befindlichkeit.

Die Arbeit mit Barrie Kosky ist jedesmal völlig anders,

weil auch die Inszenierungen so verschieden sind. Wir machten »Die sieben Todsünden«, eine ganz reduzierte Arbeit, nur ich im Kleid, barfuß und im Licht eines Scheinwerfers. Ganz anders war es beim »Ball im Savoy«: opulent, mit großem Orchester! Und Ballett! Und Chor! Wenn das losgeht, wenn die Musik erklingt, kann ich mich nicht entziehen, das ist so, als ob alle Poren sich öffnen. Ich muss einfach auf die Bühne springen und mich verschenken! Dann kam »Eine Frau, die weiß, was sie will!« mit der Musik von Oscar Straus. Eine Tür, zwei Schauspieler, die singen, das Orchester und natürlich Garderobieren, Ankleider und Maskenbildner, die hinter der Bühne stehen und die rasanten Verwandlungen erst ermöglichen. Das wollten wir ursprünglich nur fünf Mal spielen, aber dann wurde es so ein Mega-Erfolg, dass es immer wieder auf den Spielplan genommen wird.

KE: Ihr braucht eine enorme, sekundengenaue Präzision, um in all diese Figuren zu schlüpfen, insgesamt zwanzig Rollen!

DM: Da sind ständig vier Leute um mich rum, meine Maskenbildnerin, meine Ankleiderin Anja, zwei Requisiteure. Vor Beginn sage ich immer meinen üblichen Spruch: »Eine schöne Schnelle heute«, womit ich uns eine problemlose, flüssige Vorstellung wünsche. Anja sagt mir immer, was ich als nächstes auf der Bühne mache, weil ich das in dieser schnellen Abfolge oft gar nicht mehr weiß. Ich bin dann froh, dass sie genau weiß, welche Figur ich im nächsten Moment sein muss. Wir haben viel Spaß, auch hinter der Bühne, und wenn sich am Ende wirklich alle beim Applaus mit verbeugen, berührt mich das immer sehr.

KE: Ich habe das Stück vor Kurzem gesehen und mich prächtig unterhalten gefühlt, du hast mich natürlich nicht gesehen.

DM: Nein, ich sehe doch nichts. Erstmal bin ich stark kurzsichtig, und zweitens strahlen dich die Scheinwerfer an, da siehst du keine Zuschauer. Aber die Musiker siehst du. Nach der Vorstellung erzählte mir ein Musiker, dass er vor lauter Lachen fast seinen Einsatz verpasst hätte. Ein schöneres Kompliment kann man von einem Musiker nicht bekommen, finde ich. Das ist aber sicher niemandem aufgefallen. Neulich sahen sich einige von ihnen im Deutschen Theater »Gift« an. Ich kam aus der Vorstellung, und da standen sie am Bühneneingang. Orchestermusiker haben so viele Dienste und kaum Zeit, und dann gehen sie freiwillig ins Theater. Das hat mich total glücklich gemacht und gerührt.

KE: Diese Inszenierung bietet fröhlichen Mummenschanz. Worum es geht, ist im Grunde nebensächlich. Dafür könnt ihr überlebensgroß spielen und euch wie beim Fasching verkleiden, wann hat man das schon auf der Bühne?

DM: Ja, das sind wirklich Extreme. Einmal spiele ich diesen jungen Liebhaber, dann spiele ich den Star, die emanzipierte Frau Manon Cavallini, übrigens die Rolle von Fritzi Massary in der Premiere von 1932, nur wenige Wochen vor Hitlers Machtantritt. Dann bin ich der Vater, dann spielen wir die zwei Alten aus der Muppet-Show, die alles kommentieren. Es sind lauter Rollenwechsel innerhalb von Sekunden. Dieses schnelle Umschalten macht Max Hopp und mir als Komödianten natürlich großen Spaß.

KE: Bei »Kiss Me, Kate« hast du im Verlauf der Jahre

mit vier verschiedenen Besetzungen für den Fred gespielt, ein enormer Männerverschleiß übrigens.

DM: Ist es wirklich schon der vierte? Tatsächlich.

KE: »Bei eine Frau, die weiß, was sie will!« kann ich mir allerdings keinen anderen als Max Hopp vorstellen.

DM: Ja, das ist richtig. Max kann sich so herrlich begeistern, er hat eine große Phantasie, Lust am Improvisieren und einen wunderbaren Humor, und er ist hochmusikalisch. Es macht mit ihm unglaublichen Spaß, und alles läuft sehr kollegial ab. Gerade bei einem solchen Stück passiert es schnell, dass man sich die Pointen streitig macht. Darum geht es hier überhaupt nicht, wir machen uns gemeinsam einen schönen Abend. Das sieht Max genauso.

Nach unserer letzten Vorstellung, die wirklich sehr schön war, haben wir uns dann glückliche Nachrichten per SMS geschickt. Auch an Adam Benzwi, unseren Musikalischen Leiter, der ganz wichtig ist. Das kann man nicht beschreiben, seine Ausstrahlung, seine Aufmerksamkeit, seine Zugewandtheit. »Die wichtigsten Dinge in unserem Leben sind nichts Außerordentliches oder Großartiges. Es sind jene Momente, in denen wir uns von einem anderen angerührt fühlen«, sagte mal der buddhistische Meditationslehrer Jack Kornfield. Genau so ergeht es mir mit Adam, meinem guten Freund.

KE: Es ist sicher klar geworden, dass diese zweite künstlerische Karriere im Musiktheater für dich mit diesen völlig neuen Herausforderungen ein Glücksfall ist. Du konntest dir damit auch ein neues Publikum erobern.

DM: Es ist immer ausverkauft, auch bei den Liederabenden. Als ich zum Beispiel die vier Hollaender-Abende »Menschenskind« gesungen habe, da muss man viermal 1200 Plätze füllen, und alle vier Vorstellungen waren voll. Das hat sicher etwas mit mir zu tun, weil mich das Publikum der Komischen Oper inzwischen kennt, aber es liegt in erster Linie an Hollaender. Die Texte und die Lieder sind so schön, und ich habe wohl den richtigen Ton gefunden, um die Leute zu berühren. Das muss alles zusammenkommen. Ich bin mir dessen wirklich sehr bewusst. Man weiß nie, wie lange und unter welchen Bedingungen man arbeiten und leben kann. Für mich ist jeder Abend, den ich spiele, ein Geschenk, auch wenn ich manchmal erschöpft bin.

KE: Und jetzt hast du auch noch die zeitgenössische Oper für dich entdeckt, was eine ganz andere Herausforderung ist.

DM: Schon seit Jahrzehnten, seit ich mit zwanzig Jahren das erste Mal die Aufnahme mit Helga Pilarczyk hörte, wusste ich, dass ich auch irgendwann »Pierrot lunaire« von Schönberg singen werde. Das werde ich nun auch ganz sicher tun, zu meinem 60. Geburtstag.

Ich lernte den zeitgenössischen Komponisten Helmut Oehring kennen, eine Offenbarung für mich, weil er sehr von der Sprache ausgehend komponiert. Ich hörte seine Aufführung »AscheMOND« an der Staatsoper im Schillertheater, die mir den Atem verschlug. Wie er mit seiner Musik Klangräume schafft, so etwas habe ich noch nie gehört. Diese Welt ist mir nicht fremd, denn ich habe sehr viel neue Musik gehört. Oehring kannte wie ich die Texte von Ágota Kristóf, eine schweizerisch-ungarische Autorin, die ich sehr liebe. Sie schrieb auf Französisch, kein umfangreiches Werk, aber es geht unter die Haut. Was mich an Ágota Kristóf so begeistert, ist die Kargheit, mit der sie ihrer Verzweiflung Ausdruck verleiht. Die Stimme ihres Schmerzes und ihrer Traurigkeit klingt heiser, aber entschlossen, im Wunsch, die Seele durch das Schreien, wenn nicht zu befreien, so doch wenigstens erleichtern zu können. Sie ist für mich die Autorin der stillen Wut, der verzweifelten Liebe, der Heimatlosen. Als ich ihre viel zu wenig bekannten Bücher las, dachte ich sofort, dass sie auf die Bühne gehören. »Ich muss das sprechen! Ich muss das singen!« Oehring sah das genauso und vertonte Ágota Kristóf. Sechs Lieder schrieb er für mich, sehr schwer zu lernen, aber wunderbar zu singen, im Stück kombiniert mit Monologen von ihr, die ich spreche. Solchen Arbeiten möchte ich mich stellen, diese Texte und die Musik fordern mich auf, Ágotas Erbe weiterzugeben.

Die Uraufführung von »Ágota? Die Analphabetin (Gestern/Irgendwo)« war in Wiesbaden bei den Maifestspielen 2016, und rate mal, wer mich begleitete? Das Ensemble Modern, das zu den besten zeitgenössischen Ensembles gehört. Es war unvergleichlich, mit diesen Musikern arbeiten zu dürfen.

Das ist wirklich mein großes Glück: Ich spiele »Gift« am Deutschen Theater. Ich erlebe das Musiktheater mit Barrie Kosky, in solcher Vielfalt von zurückgenommenen, strengen Formen bis hin zum opulenten Musical- und Operettentheater. Ich habe Hörspiele und Hörbücher, die ich sehr gern einlese, besonders die Texte von Christa Wolf. Sie zu lesen war für mich eine behutsame Suche und Annäherung an ihren zurückhaltenden und doch sehr persönlichen Erzählton. Christa Wolf, die sich einmal als Heimatlose bezeichnete, ist für mich in ihren Werken zu einer Heimat geworden. Ihre Sicht auf die Welt und ihre Art, Fragen zu stellen, nicht um endgültige Antworten zu finden, sind mir sehr vertraut. Jetzt kommt noch die zeitgenössische Musik dazu. Nicht zu vergessen meine Konzerte mit drei Orchestern, den Dresdner, den Bremer und den Essener Philharmonikern. Das erfüllt mich sehr. Ohne die Musik würde es gar nicht mehr gehen.

KE: Ich hörte deinen Eisler-Abend und war überrascht, wie warm, fast zärtlich du die Lieder singst. Vor mir saß die legendäre Brecht-Interpretin Gisela May, die noch mit Eisler gearbeitet hatte. Ich fürchtete, sie würde jeden Augenblick mitsingen.

DM: Das hat sie schon gemacht! Im Berliner Ensemble.

KE: Ihre Brecht-Aufnahmen sind klassisch, gerade für unsere Generation. Wie schaffst du es, dich von solchen normativen Vorbildern zu lösen?

DM: Wenn ich ihre Aufnahmen höre, finde ich es schon beeindruckend, mit welcher klaren Haltung sie singt, mit welcher deutlichen Botschaft. Sie hat das auch konsequent und voller Überzeugung gelebt. Bei ihr gibt es kein »vielleicht« oder »eventuell«, sondern eine eindeutige Aussage, was ich respektiere. Sie interpretiert diese Lieder großartig, aber es ist nicht meine Sicht auf die Welt. Mein Ansatz muss ein anderer sein. Ich habe auch gar nicht diese Stimme. »O Falladah« zum Beispiel singe ich ganz zart. Es gibt von Käthe Kühl eine Aufnahme dieses Liedes, die mich mehr als Gisela Mays Version geprägt hat.

KE: Kühls Interpretation ist in ihrer Schlichtheit sehr ergreifend, gesungen aus diesem unmittelbaren Erleben der großen Not nach dem Zweiten Weltkrieg. Ich mag aber auch deine Fassung von »An den kleinen Radioapparat« gern, ein so unscheinbar schönes, nur einminütiges Lied von Eisler und Brecht, das Hoffnung und Ver-

20 »Schtonk«, mit (von links) Uwe Ochsenknecht, Georg Ma-
rischka, Karl Schönböck, Götz George, Veronica Ferres, Christiane
Hörbiger, Rolf Hoppe, 1991

21 Mit Thomas Langhoff im Schauspielhaus am Gendarmenmarkt

22 »Die Erbschaft«, mit Michael Degen, 1991

23 Hinter den Kulissen, Kammerspiele des Deutschen Theaters

24 »Kriemhilds Rache«, mit Dietrich Körner, 1994

25 »Eine Sehnsucht ganz egal wonach«, Liederabend mit Jochen Kowalski, 1994

26 »Ithaka«, 1997

27 Polizeiruf 110: Jutta oder Die Kinder von Damutz, mit Katrin Sass und Heino Ferch, 1995

28 In der Verfilmung des Klassikers »Der Laden« von Erwin Stritt-matter, 1997

29 »Onkel Wanja«, mit Ulrike Krumbiegel, 1995

30 »Klemperer – Ein Leben in Deutschland«, mit Matthias Habich, 1999

31 »Die Trachinierinnen des Sophokles«, mit (von links) Margit Bendokat, Ulrike Krumbiegel, Barbara Schnitzler, Petra Hartung u. a., 1999

32 »Kelly Bastian – Geschichte einer Hoffnung«, mit Michael Mendl, 2001

33 Grimme-Preis für »Leben wäre schön«, mit Regisseur Kai Wessel, 2004

34 Bei den Dreharbeiten zu »Die Unsichtbare« mit Stine Fischer Christensen, 2011

35 »Großherzogin von Gerolstein«, 2002

36 »Totentanz«, mit Dieter Mann, 2006

37 »Frei nach Plan«, mit Corinna Harfouch, Christine Schorn und Kirsten Block, 2006

38 »Die Fledermaus«, mit Uwe Eric Laufenberg, 2007

39 »Kiss Me, Kate«, 2007

40 »Die verlorene Zeit«, mit David Rasche, 2011

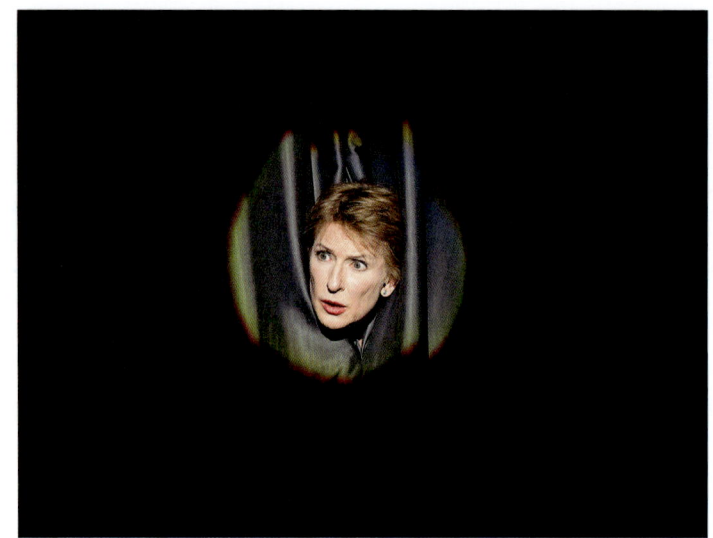

41 »Die sieben Todsünden«, 2011

42 »Ball im Savoy«, 2013

43 »Gift«, mit Ulrich Matthes, 2014

44 »Eine Frau, die weiß, was sie will!«, mit Max Hopp, 2015

45 »Tatort«, mit Fabian Hinrichs

zweiflung in der Emigration so intim auf den Punkt bringt.

DM: Auch dieses Lied muss man sehr zart singen, diese Verzweiflung im Exil, wo der Apparat die einzige Verbindung in die Heimat bedeutet. Nein, man muss gar nichts. Ich muss das machen, jeder soll es so machen, wie er es sieht. Für mich war es sehr wichtig, mich mit Gisela Mays Interpretationen intensiv auseinanderzusetzen, um dann meinen Weg zu finden. Die im Dezember 2016 im biblischen Alter von 92 Jahren verstorbene große Künstlerin hatte schon einen großen Einfluss auf mich.

Über meine »Sieben Todsünden« von Bertolt Brecht und Kurt Weill war sie irritiert, weil ich beide Annas, die Anna 1 und Anna 2, selbst verkörpere und nicht wie üblich gemeinsam mit einer Tänzerin. Ich meine eben, das sind nicht zwei Personen, es gibt nur eine Anna, die gesplittet ist.

KE: Bei der Aufführung der »Sieben Todsünden« hast du keinen Partner zum Festhalten. Da bist du als Anna sogar doppelt allein, weil du eine Doppelrolle spielst.

DM: Aber gerade das liebe ich auch besonders. Wir fanden einen ganz eigenen Ansatz. Es gibt doch so viele Aufnahmen von den »Sieben Todsünden«, die habe ich mir alle angehört und angesehen. Da verkörpert die Tänzerin dann sozusagen das, was die Sängerin als Anna 1 erzählt. Große Diven haben es gemacht. Unter anderem natürlich Gisela May. Ihre Aufnahmen sind klassisch, großartig, aber eben anders.

KE: Und die großartige Lotte Lenya …

DM: Lotte Lenya, natürlich. Mein Problem war, während Anna I singt, tanzt als Anna II eine Tänzerin ihre Geschichte vor, also gewissermaßen illustrativ. Als Barrie

Kosky und ich das lasen, fragten wir uns sofort: Wieso? Sie ist nur eine einzige Figur, die uns erzählt, wie sie verkauft wurde, wie sie ihre Ideale und ihre Träume verlor, wie sie benutzt worden ist.

Sie sagt es doch selbst: »Wir sind eigentlich nicht zwei Personen, sondern nur eine einzige.« Bei dieser Frau frage ich mich: »Ist sie vielleicht schon tot? Oder erzählt sie das erste Mal von ihrem Leben? Und wenn sie sich erinnert, dann vielleicht auch an ihren Traum, dass sie mal eine große Tänzerin sein wollte?«

So beginnt sie auf einmal, ihren Traum zu tanzen, aber als Frau, die ihr Leben schon beendet hat. Das hat auch etwas Morbides, etwas Verlorenes, sehr Melancholisches. Genau das war die Idee, Anna 1 und Anna 2 in einer Figur zu erzählen, was mir total einleuchtete. Ich aber konnte es nur so machen.

Nach Kurt Weill würde ich sehr gern Hanns Eisler aufführen, mich begeistert dieser Komponist sehr. Sein Kammermusikwerk geriet zu Unrecht in Vergessenheit. Das ist einer meiner Träume, einmal »Pierrot lunaire« zu singen und mit Eislers »Vierzehn Arten, den Regen zu beschreiben« zu kombinieren. Er war ja Schönbergs Schüler.

KE: Eines meiner Lieblings-Instrumentalstücke von ihm, geschrieben für den Film von Joris Ivens.

DM: Eisler schrieb es für die gleiche Besetzung wie »Pierrot lunaire« und schenkte Schönberg diese Komposition zum Geburtstag. Beide mussten da schon im Exil leben. Eisler und Schönberg zusammenzubringen, das würde ich so gern machen. Und das mach ich auch! Ich singe zum Ende eines Liederabends, wie jetzt gerade in München, sehr gern die »Kinderhymne«: »Anmut sparet

178

nicht noch Mühe« und sage vorher: »Ich verrate Ihnen jetzt nicht, wer die Musik komponiert und auch nicht, wer den Text geschrieben hat. Ich singe einfach dieses Lied.« Danach kommen dann immer Leute und fragen: »Wer hat das geschrieben?« – »Eisler und Brecht.« – »Ach wirklich? Das ist ja ein tolles Lied!« Und ich füge hinzu: »Ja, ein großartiges Lied. Es hätte nach der Wende unsere Nationalhymne werden können.«

KE: Und sie wäre schöner als die jetzige gewesen.

Intermezzo
Max Hopp, Schauspieler

Kennengelernt haben wir uns bei der Arbeit an der Operette »Zum Weißen Rössl«. Wir trafen uns vorher im Restaurant »Brot und Rosen«, und ich war furchtbar aufgeregt. Dagmar Manzel war für mich die Schauspielgöttin der DDR, der ich im Deutschen Theater meine ersten großen Theatererlebnisse verdankte. Ich war verliebt in sie, sie war so sexy, hatte eine ungeheure Strahlkraft und Energie. Das hat sie alles immer noch. Dann trafen wir uns, und die Aufregung legte sich – überhaupt nichts Divenhaftes. Die Zusammenarbeit war später an der Komischen Oper in »Eine Frau, die weiß, was sie will!« noch viel intensiver, da stehen wir praktisch ständig zusammen auf der Bühne. Jeder weiß, dass sie großartig singen kann, aber fast wichtiger finde ich ihren Humor, den sie auch in ihre dramatischen Rollen einfließen lässt. Damit ermöglicht sie sich und uns einen einzigartigen Zugang – selbst zu den verschlossenen, düsteren, trauernden Figuren wie in »Gift«. Und sie ist eine Spielerin, keine Akademikerin. Wir haben uns bei der Vorbereitung und den Proben zu »Eine Frau, die weiß, was sie will!« krumm und schief gelacht, das war ein schöner, organischer Prozess, in dem sie sich nie in den Vordergrund drängte. Natürlich weiß Dagmar sehr genau mit sich und ihrem Wert umzugehen und lässt sich nichts gefallen, aber sie ist absolut kein zickiger Mensch. Sie achtet schon darauf, dass bei Inszenierungen eine Balance besteht. Das kann

manchmal auch ein schöner, leidenschaftlicher Kampf wer-
den und geht in dieser Form auch nicht mit jedem.

»Ich bin wohl an ein
Starkstromkabel angeschlossen«

KE: Für die nächsten Monate bist du schon wieder ausgebucht. Was sind deine nächsten Arbeiten?

DM: Zwei sehr schöne Projekte, »Die Perlen der Cleopatra« an der Komischen Oper und »Glückliche Tage« am Deutschen Theater.

KE: Probst du die Stücke parallel?

DM: Nein, das mach ich nie, immer schön eines nach dem anderen. Zuerst »Die Perlen der Cleopatra« mit Barry Kosky, auch ein Stück von Oscar Straus, der auch »Eine Frau, die weiß, was sie will!« geschrieben hat, eine unglaubliche Musik! Auch der Librettist ist derselbe, Alfred Grünwald. Ich spiele die Cleopatra, ihre Lieder gehen mir nicht mehr aus dem Kopf, geniale, intelligente, charmante Lieder und Dialoge! Wir haben schon bei der Vorbereitung so viel gelacht, dass ich Muskelkater bekam. Es ist bei aller Komik die Antwort auf die große, sehr heutige Frage, wie man Politik machen soll, vielleicht eben aus einer weiblichen Perspektive. Danach dann geht es an Becketts »Glückliche Tage« im Deutschen Theater, wieder unter der Regie von Christian Schwochow, auch ein sehr aktueller, starker Text. Da muss ich mich sehr zurücknehmen; nach den opulenten, temperamentvollen, komischen »Perlen der Cleopatra« ist das die vollkommene Reduktion, eine Frau, die versucht, jede Veränderung zu ignorieren. Damit habe ich nach »Gift«

eine zweite Produktion am Deutschen Theater, worüber ich sehr glücklich bin.

KE: Inzwischen bist du auch »Tatort«-Kommissarin, so ziemlich das Größte, was man im deutschen Fernsehen erreichen kann. Im Franken-Tatort des Bayerischen Rundfunks ermittelst du als Paula Ringelhahn zusammen mit Fabian Hinrichs als Felix Voss. Gleich zu Beginn der Reihe wurde ein vertrautes, erzählerisches Ritual unterlaufen. Neue Kommissare, die sich kennenlernen, empfinden in der Regel füreinander eine herzliche Abneigung. Bei euch war es anders, die beiden im Grunde recht normalen Figuren mochten sich offenbar gleich, auch wenn die Distanz noch gewahrt blieb.

DM: Das war eine Herzensangelegenheit von mir. Ich wollte keine Kommissarin spielen, die ein noch schlimmeres Schicksal als eines der Opfer in dem Film hat. Solche Geschichten werden ja auch schon gedreht und manche davon sehe ich auch sehr gern. Ich möchte eine Kommissarin spielen, die einfach gern diese Arbeit macht. Paula formuliert ganz klar: »Ich komme aus dem Osten, hab die und die Vergangenheit. Schön, dass wir zusammenarbeiten, schauen wir mal.« Das war ein unspektakulärer Ansatz, den ich unbedingt wollte. Der Regisseur und Autor Max Färberböck kam dann noch auf eine einfache und geniale Idee, die viel über Paula aussagt.

KE: Genau, Paula, die schon vor der Wende in den Westen ging, hat offenbar ein grundsätzliches Problem mit ihrer Dienstwaffe, die sie bei einem Einsatz nicht abfeuern konnte. Ein Kollege starb, sie fühlt sich schuldig.

DM: Ich mag dieses Herumhantieren mit der Waffe sowieso nicht, das wirkt etwas albern, und ich möchte gerade in unserer Zeit nicht mit einer Pistole fotografiert werden. Wer nimmt schon gern eine Waffe zur Hand, auch Polizisten nicht. Ein ausgezeichneter Dokumentarfilm über die Spurensicherung Hamburg half mir, die Figur der Paula Ringelhahn zu finden. Mich beeindruckte sehr, wie hart diese Leute arbeiten. Sie funktionieren nur, weil sie im besten Sinne ein Kollektiv bilden, sich austauschen und keine Extratouren machen. Jeder hat seine Intuitionen und Stärken. Es sind Menschen, die zusammenwirken und deshalb ihre Arbeit gut machen. Darum sollte es gehen – um den Fall. Ich habe das große Glück, der Geschichte von Paula Ringelhahn in unserem »Tatort« über einen langen Zeitraum mit Neugierde und Beharrlichkeit zu folgen.

KE: Fabian Hinrichs als dein jüngerer Ermittlerpartner kommt zwar aus einer anderen Generation, hat aber auch diesen Theaterhintergrund. Verbindet euch das?

DM: Fabian kommt nicht einfach vom Theater, er ist ein richtiges Theatertier, das verbindet uns natürlich, auch, dass er alles hinterfragt. Wir mögen uns sehr, es macht uns beiden Freude, miteinander zu spielen. Er ist ein sehr besonderer Schauspieler und nicht ganz unkompliziert. Ich liebe das und empfinde geradezu mütterliche Gefühle für ihn. Beim Spielen hat er eine große Anmut und kann Menschen mit seinem Charme verführen und hat dabei ein Geheimnis.

KE: Der erste Franken-Tatort hatte eine sensationelle Quote von über zwölf Millionen, die beste für eine Kommissarin im deutschen Fernsehen, auch den zweiten sahen noch über acht Millionen Zuschauer. Das erhöht deinen Bekanntheitsgrad enorm, mit keinem Kinofilm, mit keiner Theaterinszenierung erreicht man so viele Menschen. Aber verträgt sich das mit deinem Bedürfnis nach Ruhe und Privatsphäre?

DM: Ja, das könnte vielleicht ein Problem sein, wenn ich als Kommissarin allein wäre. Aber das ist doch das Schöne an dem Franken-Tatort: Wir sind fünf. Zwei Hauptkommissare, drei Kommissare, wodurch sich vieles verteilt. Wir sind alle fünf Schauspieler, die sich unterordnen, die sich zurücknehmen können.

Der Wirbel um die Superquote fiel genau in eine Zeit, in der es mir nicht so gut ging. Ich hatte stimmliche Probleme und arbeitete eine Weile nicht, wollte mich etwas zurückziehen. Dann stand in der BILD-Zeitung: »Frau Manzel, wie fühlen Sie sich?« Dabei wollte ich einfach nur in Ruhe gelassen werden.

KE: Ganz neu ist das Krimigenre für dich nicht. Für das ZDF hast du 2013 in der Krimi-Komödie »Mord nach Zahlen« mit deiner Tochter Klara gedreht.

DM: Das sollte eine Reihe werden, leider blieb es bei diesem einen Film. Schade, das hätte mich sehr interessiert. Klara spielte da übrigens eine Mörderin, sie verkörperte das Böse.

KE: Dann standet ihr noch mal für »Besuch für Emma« gemeinsam vor der Kamera. Wie war das für dich, als klar wurde, deine Tochter will auch Schauspielerin werden?

DM: Ich habe sie natürlich unterstützt. Erst wollte sie Bühnenbildnerin werden, doch irgendwann sagte sie: »Ich will auf der Bühne stehen.« Sie spielte dann im Theater und im Film und hat mich einige Male sehr berührt und begeistert, aber sie nahm ein Lehrerstudium auf, ging also einen ganz anderen Weg. Ich finde, dass sie eine sehr begabte Schauspielerin ist, aber mir fiel auch auf, dass ihr der Beruf keine wirkliche Freude mehr bereitete. Es war so schön, mit ihr zu spielen. Doch jetzt sehe ich, wie glücklich sie mit ihrer Entscheidung ist, und das ist das Wichtigste: Dass es ihr gut geht. Dann geht es mir auch gut. Ich sehe mit Begeisterung, wie sie ihren neuen Beruf meistert und mit welcher Leidenschaft sie ihre Schüler unterrichtet.

KE: Die Frau im Rampenlicht bist immer du gewesen und vielleicht spielte auch das eine Rolle. Sie ist die Tochter von Dagmar Manzel.

DM: Ja, das war bestimmt für sie am Anfang ein Problem. Sie musste sich auf ihre Art emanzipieren. Ich musste mich auch von meiner Mutter lösen, aber das war etwas ganz anderes. Meine Eltern waren einfach nur stolz auf mich, dass ich als einzige in der Familie auf der Bühne stehe, aber Klara musste sich von Kindheit an damit auseinandersetzen. Ich kann das gar nicht nachvollziehen, weil ich es nicht selber erlebte, ich kann es mir nur vorstellen. Sicher war es oft belastend für sie. Sie heiratete einen Schweizer, lebt in seiner Heimat und ist sehr glücklich. Gemeinsam mit ihrem Mann Gabriel, einem Schwiegersohn, wie man sich ihn nur wünschen kann, bekam sie ein bezauberndes Kind. Zora zuschauen zu dürfen, wie sie die Welt entdeckt, ist einfach nur schön.

Meine Mutter war mit Klaras neuer Berufswahl übrigens sehr zufrieden: »Endlich wird die Tradition weitergeführt!« Klara tritt jetzt sozusagen in die Fußstapfen meiner Mutter, die ja Unterstufenlehrerin war. Ich denke, Klara nahm aus der Schauspielausbildung doch einige Dinge mit, die ihr als Lehrerin bei Kindern und jungen Leuten helfen werden. Sie ist selbst noch sehr jung, das Band zur Jugend ist noch nicht durchtrennt. Sie war schon immer sozial engagiert. Genau wie mein Sohn ist sie ein politisch denkender Mensch mit Herzensbildung, worauf ich sehr stolz bin.

KE: Zeigte dein Sohn jemals schauspielerische Ambitionen?

DM: Nein, gar nicht. Der macht jetzt eine Ausbildung für Game Development Management. Er wird Spieleentwickler. Dabei habe ich ihn immer fertiggemacht, weil er ständig vorm Computer sitzt und spielt, aber nun macht er das beruflich. Er hat genau wie Klara das Herz auf dem rechten Fleck, ein sanfter und liebevoller Mensch, der sein Leben meistert und einen wunderbaren, sehr speziellen Humor hat. Paul weiß genau, wie er mich zum Lachen bringt, und das macht er oft. Er hasst Stress und Unzuverlässigkeit, und im Gegensatz zu Klara dürfte ich bei ihm einmal fest Verabredetes nicht verschieben. Ich empfinde eine tiefe, starke Liebe für beide und möchte für sie da sein, wann immer sie mich brauchen, jedoch nie klammern und etwas einfordern, zumindest versuche ich es. Du kennst sicher auch den berühmten Text von Khalil Gibran: »Eure Kinder sind nicht eure Kinder. Sie sind die Söhne und Töchter der Sehnsucht des Lebens nach sich selber. Sie kommen durch euch, aber nicht von euch, und obwohl sie mit euch sind, gehören sie euch doch nicht.« Diese Worte begleiteten mich immer, doch es ist sehr schwer, diese Gedanken zu leben.

Wir sind eine schöne Familie. Meine Schwestern und Brüder und ihre Familien sind immer füreinander da, und wir lieben es, gemeinsam zu feiern. Nicht nur bei unseren Festen, sondern auch in schwierigen Phasen meines Lebens war und bin ich umgeben von meiner Familie und meinen Freunden. Auch wenn du weißt, dass du ganz am Ende doch allein sein wirst, ist es schön, gemeinsam bis dahin zu gehen und mit allen für mich wichtigen Menschen verbunden zu sein. Das gibt mir Kraft.

KE: Klara und Paul sind Halbgeschwister?

DM: Ich sag immer, sie sind Geschwister, denn sie haben dieselbe Mutter.

KE: Haben sie, obwohl sie altersmäßig so weit auseinander liegen, ein geschwisterliches Verhältnis?

DM: Ja. Durch meine Krankheit sind sie noch enger zusammengerückt. Das war auch für sie eine schwere Zeit. Paul war gerade dreizehn, und da war Klara für ihn da. Sie kümmert sich um ihren Bruder und auch um ihre Halbgeschwister väterlicherseits. Sie ist unglaublich verantwortungsbewusst. Mit der Geburt meiner Tochter Klara begann für mich eine nie endende Freude am Leben. Mein Sohn wurde dreizehn Jahre später geboren. So lebte ich fast meine gesamte Berufszeit mit meinen Kindern zusammen. Ich bin Ihnen dankbar, dass sie mich weiter an ihrem Leben teilhaben lassen.

KE: Ich finde immer, durch die Verbindung der Kinder untereinander bleibt auch etwas von uns. Sie werden sich zusammen an uns erinnern, und im besten Fall werden es schöne Erinnerungen sein.

DM: Meine beste Freundin Heike sagte mal, das Schönste sei für sie, sich vorzustellen, wie sie auf einem Hügel sitzt, es ist warm, und es weht ein Wind, und sie sieht ihre beiden Kinder am Fuße des Hügels spielen. Genau so ist das. Ich sehe voller Stolz und Freude meine Kinder, die ihren Weg gehen, ihre eigenen Entscheidungen treffen, aber ich bin da, wenn sie mich brauchen. Ich verwöhne sie vielleicht ein bisschen zu viel, das gebe ich zu. Aber ich mache es gern, das gehört sicher zu meinen Schwächen.

KE: Das war sicher auch eine Kompensation für deine häufige Abwesenheit?

DM: Natürlich hatte ich ein schlechtes Gewissen, dafür nahm ich sie manchmal zu Drehorten mit. Sie erlebten Dinge, die andere Kinder nicht kennen. Aber auf der anderen Seite mussten sie sehr oft auf mich verzichten, auch in Phasen, in denen sie mich echt gebraucht hätten. Das belastet mich. Als ich die Generalprobe für »Die Fliegen« im Deutschen Theater hatte, lag Klara mit hohem Fieber im Bett. Wir hatten eine neue Kinderfrau, mit der sie nicht allein bleiben wollte. Das war eine öffentliche Generalprobe mit Publikum. Ich musste da hingehen. Nie werde ich vergessen, wie sie hinter dem Küchenfenster stand und weinte. Ich bin weinend ins Theater gegangen.

In diesem Moment habe ich meinen Beruf gehasst. Ich war nicht für sie da, und das werde ich nie wiedergutmachen können. Aber dafür habe ich ihnen vielleicht andere, schöne, Augenblicke des Lebens ermöglicht, die genauso wichtig sind. Ich muss ja damit irgendwie leben, aber immerhin reden wir über Versäumtes. Klara fordert das auch ein. Sie braucht die Auseinandersetzung, geht gern Umwege und ist immer eine Suchende, eine Frau mit einem kraftvollen Humor und energetischer Willenskraft. Ich bewundere ihre Klarheit, ihre Intelligenz, ihre Anmut und ihr ungezügeltes Temperament, das zu heftigen Streits, aber auch zu unvergesslich schönen Erlebnissen führte. Klara hat den sechsten Sinn, und ich bin jedes Mal von ihrer Weitsicht und Menschenkenntnis überrascht.

KE: Wie siehst du dich heute, an welchem Punkt, menschlich, künstlerisch? Was wird noch passieren?

DM: Ich versuche, Frieden mit mir zu machen, innerlich zur Ruhe zu kommen, weil ich immer vieles gleichzeitig leben wollte, mich für alles verantwortlich fühlte, mich manchmal fast auflöste. Ich muss lernen, innezuhalten und wirklich nur zu machen, was für mich wichtig ist. Beruflich kann ich aus einer großen Vielfalt wählen. Privat habe ich bestimmte Entscheidungen getroffen, die sehr schmerzhaft waren, aber die für mich wichtig sind, um für die nächste Zeit, für die nächsten Jahre und Jahrzehnte vielleicht, Kraft zu haben.

KE: Du scheinst endlos viel Energie zu haben.

DM: Ja, manchmal habe ich das Gefühl, ich sei an ein Starkstromkabel angeschlossen. Aber da musst du mal Barrie Kosky erleben. Ich habe sehr viel Energie, aber es gibt auch Momente, wo ich dann wirklich absolut meine Stille und Ruhe brauche.

KE: Hast du Angst, dass diese Quelle mal versiegt?

DM: Ja, ich hatte zwischendurch schon mal Phasen, in denen ich vollkommen erledigt war und nicht arbeiten konnte, wo ich private und berufliche Tiefpunkte erlebte. Solchen Situationen musste ich mich stellen und entdeckte dabei komischerweise, dass ich mich daran erfreuen kann, einfach mal nichts zu tun. Meine wunderbare Kollegin Gudrun Ritter sagte mal: »Du stehst ja mit achtzig noch auf der Bühne!« Das könnte durchaus sein. Aber vielleicht kommt es ganz anders, und ich nehme mir die Zeit zum Schreiben, was ich eine Zeitlang sehr gern machte.

KE: Du schreibst Texte? Zeigst du sie Freunden?

DM: Ja, manchmal.

KE: Aber erstmal mehr für dich?

DM: Ja, so könnte man das sagen.

KE: Kommen wir zum Ende. Wir sprachen so viel über die Kunst des Schauspielens, aber manchmal beruht zumindest ein Teil der Wirkung auch auf Missverständnissen, was ich sehr komisch finde.

DM: Du meinst die Sache mit der Kontaktlinse. Das war bei »Ithaka« von Botho Strauß in der Inszenierung von Thomas Langhoff. Ich spielte die Penelope, saß bei der Premiere auf einem Stuhl und hielt einen langen Monolog. Weil ich so stark kurzsichtig bin, habe ich sehr starke Speziallinsen, von denen eine um die 200 Euro kostet. Auf einmal machte es leise »Blub«, und eine Kontaktlinse fiel raus. Ich spürte, dass sie irgendwie in meinem Gesicht hing, hätte so gern danach gegriffen, aber das ging natürlich nicht. Ein Kritiker schrieb, beim Monolog hätte sogar eine Träne an meiner Wange gehangen. Ich dachte: Wenn du wüsstest, das war nur meine Kontaktlinse.

KE: Vielen Dank!

DM: Danke. Ich danke dir fürs Zuhören. Jetzt bin ich leer.

Intermezzo
Barrie Kosky, Regisseur,
Intendant der Komischen Oper

Dagmar zu beschreiben fällt mir schwer, sie ist eine Natur-
gewalt, eine Darstellerin, die ihre Nerven bloßlegt, wodurch
das Publikum ihre Seele, ihre Emotionen spüren kann. Wie
alle großen Schauspieler aller Zeiten, auch die bedeuten-
den, tragischen Darsteller, ist sie ein Clown, bei dem Freude
und Traurigkeit miteinander verbunden sind, verwoben
wie in einem Teppich. Man sieht bei Dagmar diesen riesi-
gen Spieltrieb, den Witz, den Charme, die Eleganz und die
Souveränität. Gleichzeitig gibt es diesen Hauch von Melan-
cholie. Man hat es oder man hat es nicht, lernen kann man
es auf keiner Schauspielschule.

Wenn sie auf die Bühne kommt, dann richten sich alle
Augen sofort auf sie. Nicht nur, weil sie eine Rampensau
ist – und sie ist eine phantastische Rampensau – sondern
auch, weil ihre Seele so stark und magnetisch wirkt, dass
man sich ihr, diesem wirbelnden Derwisch auf der Bühne,
einfach nicht entziehen kann. Dagmar ist hier an der Ko-
mischen Oper Berlin in dieser Zeit die ideale Darstellerin
für mich, das Symbol dessen, was Operette sein kann, so, als
sei sie aus den zwanziger Jahren zu uns gekommen, eine Re-
inkarnation der Bühnenkunst jener Jahre, dieser Energie,
dieser bestechenden Qualität, aber immer in ihrer ganz ei-
genen Art. Der Geist dieser verlorenen Werke und Künstler
ist in ihr aufgehoben und verwandelt. Sie liebt Fritzi Mas-
sary, ohne sie zu kopieren. Sie bleibt immer unverwechsel-

bar die Manzel und wird zugleich zur Passage für diese ver-
triebenen, diese toten Künstler, die eine körperliche Form
in ihr finden. Das berührt mich sehr und macht die Arbeit
mit ihr zu einem Privileg. Sie sagt immer, sie hätte keine
jüdischen Wurzeln, aber ich kann das einfach nicht glau-
ben. Ihr jüdischer Humor, wie sie singt und spielt – da muss
etwas sein. Dagmar ist keine Sphinx, sie spricht immer of-
fen und direkt ihre Meinung aus, sie spielt sehr ehrlich, und
dennoch bewahrt sie ihr großes, wunderbares Geheimnis.
Da gibt es immer ein verschlossenes Zimmer, was für die
Arbeit wunderbar ist. Sie ist eine Anti-Diva, wie alle gro-
ßen Künstler. Nur die Mittelmäßigen oder die Unsicheren
verderben mit ihren Allüren den Ruf der Profession. Die
großen Künstler sind sehr höflich, professionell, großzügig
wie Dagmar, die deshalb von allen geliebt wird, vom Or-
chester, vom Chor, von den Technikern. Sie lieben Dagmar,
weil sie so ein Naturereignis darstellt, aber auch wegen ih-
rer Bodenständigkeit. Sie ist ein Theaterkind, das an kei-
nem anderen Ort der Welt lieber sein will als auf der Bühne.

Knut Elstermann dankt: Dagmar Manzel für ihr Vertrauen, allen Interviewpartnern, die bereitwillig Auskunft über Dagmar Manzel gaben, Karl Sand vom Archiv des Deutschen Theaters für gründliche Recherche, Andrea Röber und André Kraft von der Komischen Oper für unermüdliche Zuwendung, der unerschütterlichen Lektorin Franziska Günther für ihren festen Glauben an dieses Buch, Dagmar Manzels Agentur Hoestermann, die in jeder nur möglichen Hinsicht half, der kritischen, unersetzlichen, ersten Leserin Conni, den wunderbaren Kollegen von radioeins Gertraud Gruner, Germar Redlich, Stephan Lindner, Jochen Saupe und den lebenslangen Freunden und Freundinnen Anke Lieske, Anke Leweke, Marion Brasch, Jens-Uwe Korsowsky und Kerstin Lehmstedt für Unterstützung und Ermutigung.

Anhang

Bühnenverzeichnis

1979
»Die Nacht nach der Abschlussfeier« von Wladimir Tendrjakow
Regie: Horst Schönemann, Deutsches Theater Berlin

»Der Urfaust« von Johann Wolfgang Goethe
Regie: Thomas Langhoff, Studioinszenierung 3. Stock Volksbühne

1980
»Jutta oder Die Kinder von Damutz« von Helmut Bez
Regie: Horst Schönemann, Staatstheater Dresden

1981
»Wie es Euch gefällt« von William Shakespeare
Regie: Horst Schönemann, Staatstheater Dresden

»Dantons Tod« von Georg Büchner
Regie: Wolfgang Engel, Staatstheater Dresden

»Maria Stuart« von Friedrich Schiller
Regie: Wolfgang Engel, Staatstheater Dresden

1982
»Das Schwitzbad« von Wladimir Majakowski
Regie: Horst Schönemann, Staatstheater Dresden

»Kikiriki« von Sean O'Casey
Regie: Gerd Jurgons, Staatstheater Dresden
»Don Carlos« von Friedrich Schiller
Regie: Horst Schönemann, Staatstheater Dresden

1984
Mädchen in »Yerma« von Federico Garcia Lorca
Regie: Klaus Erforth, Deutsches Theater Berlin

Warja in »Der Kirschgarten« von Anton Tschechow
Regie: Frido Solter, Deutsches Theater Berlin

»Bruder Eichmann« von Heinar Kipphardt
Regie: Alexander Stillmark, Deutsches Theater Berlin

1985
Rosaura in »Das Leben ein Traum« von Pedro Calderón de la
Barca
Regie: Frido Solter, Deutsches Theater Berlin

Portia in »Der Kaufmann von Venedig« von William Shakespeare
Regie: Thomas Langhoff, Deutsches Theater Berlin

1986
Maria in »Mit der Faust ins offene Messer« von Augusto Boal
Regie: Carlos Medina, Deutsches Theater Berlin

1987
Elektra in »Die Fliegen« von Jean-Paul Sartre
Regie: Friedo Solter, Deutsches Theater Berlin

Emilia in »Emilia Galotti« von Gotthold Ephraim Lessing
Regie: Micha Jurgons, Deutsches Theater Berlin

1988
Manjuschka in »Paris, Paris« von Michail Bulgakow
Regie: Frank Castorf, Deutsches Theater Berlin

Sabine in »Die echten Sedemunds« von Ernst Barlach
Regie: Rolf Winkelgrund, Deutsches Theater Berlin

Antonia in »Offene Zweierbeziehung« von Dario Fo
Regie: Carlos Medina, Deutsches Theater Berlin

1990
Gertrud in »Hamlet/Hamletmaschine« von Heiner Müller
Regie: Heiner Müller, Deutsches Theater Berlin

Grace in »Der Wunderheiler« von Brian Friel
Regie: Carlos Medina, Deutsches Theater Berlin

Merteuil in »Quartett« von Heiner Müller
Regie: Heiner Müller, Deutsches Theater Berlin

1991
»Die Perser« von Aischylos
Regie: Christof Nel, Freie Volksbühne

1992
Kunigunde in »Das Käthchen von Heilbronn« von Heinrich
von Kleist
Regie: Thomas Langhoff, Deutsches Theater Berlin

1992/93
Rachel in »Wesele« von Stanislaw Wyspianski
Regie: Andrzej Wajda, Landestheater Salzburg

1993
Alkmene in »Amphitryon« von Heinrich von Kleist
Regie: Jürgen Gosch, Deutsches Theater Berlin

Rita Marquetti in »Der Nebbich« von Carl Sternheim
Regie: Niels Peter Rudolph, Deutsches Theater Berlin

Chimène in »Cid« von Pierre Corneille
Regie: Alexander Lang, Deutsches Theater Berlin

1994
Lilly Groth in »Das Gleichgewicht« von Botho Strauß
Regie: Thomas Langhoff, Deutsches Theater Berlin

Kriemhild in »Kriemhilds Rache« von Friedrich Hebbel
Regie: Thomas Langhoff, Deutsches Theater Berlin

»Eine Sehnsucht ganz egal wonach«
Liederabend, Deutsches Theater Berlin

1995
Jelena in »Onkel Wanja« von Anton Tschechow
Regie: Thomas Langhoff, Deutsches Theater Berlin

1997
Penelope in »Ithaka« von Botho Strauß
Regie: Thomas Langhoff, Deutsches Theater Berlin

1998
Gouverneurin in »Der kaukasische Kreidekreis« von Bertolt
Brecht
Regie: Thomas Langhoff, Deutsches Theater Berlin

Léontine in »Wie man Hasen jagt« von Georges Feydeau
Regie: Thomas Langhoff, Deutsches Theater Berlin

1999
Deianeira in »Die Trachinierinnen des Sophokles« von Thomas
Brasch
Regie: Matthias Langhoff, Deutsches Theater Berlin

2000
»Ich bin ein Wesen leichter Art«
Liederabend, Deutsches Theater Berlin

2001
Frau in »Traum im Herbst« von Jon Fosse
Regie: Luk Perceval, Münchner Kammerspiele

»Der Philharmonische Salon«
Philharmonie Berlin

Irina Nikolajewna Arkadina in »Die Möwe« von Anton Tschechow
Regie: Thomas Langhoff, Deutsches Theater Berlin

2002
Ingrid in »Unerwartete Rückkehr« von Botho Strauß
Regie: Luc Bondy, Berliner Ensemble

Großherzogin in »Die Großherzogin von Gerolstein« von Jacques Offenbach, Libretto: Henri Meilhac und Ludovic Halévy
Regie: Thomas Schulte-Michels, Deutsches Theater Berlin

2003
Frau in »Tag der Gnade« von Neil LaBute
Regie: Thomas Schulte-Michels, Deutsches Theater Berlin

2004
Mrs. Lovett in »Sweeney Todd« von Hugh Wheeler, Texte von Stephen Sondheim
Regie/Musikalische Leitung: Christopher Bond/Koen Schoots, Komische Oper Berlin

2005
Benda in »Ariadne auf Naxos« von Richard Strauss
Edinburgh International Festival

Lucette in »Ein Klotz am Bein« von Georges Feydeau
Regie: Thomas Schulte-Michels, Deutsches Theater Berlin

2006
Alice in »Totentanz« von Henrik Ibsen
Regie: Thomas Langhoff, Berliner Ensemble

»Neujahrskonzert«
Komische Oper Berlin

Ljubow Andrejewna Ranewskaja in »Der Kirschgarten« von
Anton Tschechow
Regie: Barbara Frey, Deutsches Theater Berlin

2007
Rosalinde in »Die Fledermaus« von Johann Strauss
Regie/Musikalische Leitung: Adriana Altaras/Michael Helm-
rath, Hans-Otto-Theater Potsdam

Lilli Vanessi/Katharina in »Kiss Me, Kate« von Cole Porter,
Text von Samuel und Bella Spewack, Deutsche Textfassung
von Susanne Wolf
Regie/Musikalische Leitung: Barrie Kosky/Koen Schoots, Komische Oper Berlin

2008
Périchole in »La Périchole« von Jacques Offenbach
Regie: Thomas Schulte-Michels, Berliner Ensemble

2009
»Der Philharmonische Salon«
Philharmonie Berlin

2010
»Eisler Konzert«
Cité de la musique, Paris

Rößlwirtin in »Im Weißen Rößl« von Ralph Benatzky, Texte
von Hans Müller-Einigen, Erik Charell, Robert Gilbert
Regie: Sebastian Baumgarten, Komische Oper Berlin

2011
»Neujahrskonzert«
Komische Oper Berlin

204

»Irgendwo auf der Welt«, Eröffnungskonzert Jüdische Kultur-
tage

»Der Philharmonische Salon«
Philharmonie Berlin

»Offenbach und andere Sterne«
Schloss Moritzburg, Dresden

Blanche in »Endstation Sehnsucht« von Tennessee Williams
Regie: Thomas Langhoff, Berliner Ensemble

Anna in »SiebenSongs/Die sieben Todsünden« von Bertolt
Brecht und Kurt Weill
Regie: Barrie Kosky, Komische Oper Berlin

2012
»Eisler Konzert«
Schauspielhaus am Gendarmenmarkt, Berlin

2013
Madeleine de Faublas in »Ball im Savoy« von Paul Abraham,
Texte von Alfred Grünwald und Fritz Löhner-Beda
Regie: Barrie Kosky, Komische Oper Berlin

2014
Sie in »Gift« von Lot Vekemans
Regie: Christian Schwochow, Deutsches Theater Berlin

»Menschenskind«
Dagmar Manzel singt Friedrich Hollaender, Komische Oper
Berlin

2015
Manon Cavallini u. a. in »Eine Frau, die weiß, was sie will!«
von Oscar Straus, Text von Alfred Grünwald nach Louis Ver-
neuil

Regie/Musikalische Leitung: Barrie Kosky/Adam Benzwi, Komische Oper Berlin

2016
Ágota (Uraufführung)
Musik: Helmut Oehring, Libretto: Stefanie Wördemann nach Ágota Kristóf, Ensemble Modern, Wiesbaden Maifestspiele

Cleopatra, Königin von Ägypten, in »Die Perlen der Cleopatra« von Oscar Straus, Text von Julius Brammer und Alfred Grünwald
Regie/Musikalische Leitung: Barrie Kosky/Adam Benzwi, Komische Oper Berlin

2017
»Glückliche Tage« von Samuel Beckett, Deutsches Theater Berlin
R: Christian Schwochow. D: Dagmar Manzel

Filmographie

zusammengestellt von Hans-Michael Bock (CineGraph)

Diese Filmographie verzeichnet neben den Spielfilmen, in denen Dagmar Manzel mitgewirkt hat, auch die TV-Ausstrahlungen von Fernsehspielen und Übertragungen von Bühneninszenierungen sowie Fernsehserien.

Es werden folgende Abkürzungen verwendet:
R – Regie
B – Buch/Szenarium
LV – Literarische Vorlage
D – Darsteller
MW – Mitwirkung
P – Produktion
L – Länge
UA – Uraufführung
ES – Erstsendung

DDR-TV – Fernsehen der DDR, Berlin
DEFA – DEFA-Studio für Spielfilme, Potsdam-Babelsberg
HFF – Hochschule für Film und Fernsehen der DDR »Konrad Wolf« (HFF), Potsdam-Babelsberg

BR – Bayerischer Rundfunk (BR), München
MDR – Mitteldeutscher Rundfunk (MDR), Leipzig
NDR – Norddeutscher Rundfunk (NDR), Hamburg
ORB – Ostdeutscher Rundfunk Brandenburg (ORB), Potsdam
ORF – Österreichischer Rundfunk (ORF), Wien
RB – Radio Bremen (RB), Bremen
RBB – Rundfunk Berlin-Brandenburg (RBB), Berlin/Potsdam
SF DRS – Schweizer Fernsehen/Schweizer Radio DRS, Zürich

SFB – Sender Freies Berlin (SFB), Berlin
SWR – Südwestrundfunk (SWR), Baden-Baden
WDR – Westdeutscher Rundfunk (WDR), Köln
ZDF – Zweites Deutsches Fernsehen (ZDF), Mainz

TV-Spiel deutet darauf hin, dass es sich (möglicherweise) um
die Live-Übertragung einer Bühneninszenierung handelt.

1979
Goethes Faust in ursprünglicher Gestalt
R: Thomas Langhoff; TVR: Margot Thyrêt, Hedi Langhoff.
LV: Bühnenstück von Johann Wolfgang von Goethe.
D: Frank Lienert, Herbert Sand, Katrin Knappe, Dagmar
Manzel.
P: DDR-TV. L: 119 min. UA: 28.8.1979, DDR 2.
– TV-Spiel. – Staatliche Schauspielschule Berlin.

1980/81
Einmart
R, B, ANI, Grafik: Lutz Dammbeck. Sprecher: Friedrich Wilhelm Junge, Dagmar Manzel.
P: DEFA-Studio für Trickfilme, Dresden. L: 15 min.
UA: 27.11.1981.
– Kurz-Animationsfilm (Zeichen- und Legetrick).

Wäre die Erde nicht rund …
R: Iris Gusner. B: Günter Haubold, Iris Gusner. D: Bozenna
Stryjek [DS: Dagmar Manzel], Rasim Balajew, Lissy Tempelhof, Franciszek Pieczka.
P: DEFA. L: 90 min. UA: 3.12.1981.

1981
Die Nebelschlucht
R, B: Herwig Kipping. LV: Bühnenstück »In the Shadow of
the Glen« (1903) von von John Millington Synge. D: Uwe
Kockisch, Dagmar Manzel, Peter Hölzel, Peter Jahoda.
P: HFF; für: DDR-TV. L: 49 min. ES: 1.3.1982, DDR 2.
– TV-Spiel.

1981/82
Fronturlaub
R, B: Bernd Böhlich. D: Dagmar Manzel, Sylvester Groth.
P: HFF. L: 26 min. ES: 29.8.1983, DDR 2.
– Kurzspielfilm.

1982
Jutta oder Die Kinder von Damutz
R: Horst Schönemann. TVR: Annelies Thomas. LV: Hörspiel
»Jutta oder Die Kinder von Damutz« (1978) von Helmut Bez.
D: Dagmar Manzel, Günter Kurze, Rudolf Donath, Gerlind
Schulze.
P: DDR-TV. ES: 27.3.1982, DDR 2.
– TV-Spiel. – Staatsschauspiel Dresden.

Drei fiktive Briefe
R: Bernd Böhlich. D: Dagmar Manzel.
P: HFF. L: 9 min.
– Kurzspielfilm.

1982/83
Die Entdeckung
R, B, ANI, Grafik: Lutz Dammbeck. SPR: Gudrun Okras.
GESANG: Michael Lucke, Hans-Georg Körbel, Monika
Hildebrand, Dagmar Manzel.
P: DEFA-Studio für Trickfilme, Dresden. L: 18 min.
UA: 9.3.1984.
– Kurz-Animationsfilm (Zeichen- und Legetrick).

1984/85
Der Staatsanwalt hat das Wort: Verblendet
R: Klaus Gendries. B: Ullrich Waldner. MW: Dr. Peter Przy-
bylski. – D: Wolf-Dietrich Köllner, Diana Gaede, Hans-Uwe
Klügel, Dagmar Manzel.
P: DDR-TV. L: 77 min. ES: 15.9.1985, DDR 1.
– TV-Film.

Der Junge mit dem großen schwarzen Hund
R: Hannelore Unterberg. B: Margot Beichler. LV: Kinderbuch »Der Junge mit dem großen schwarzen Hund« (1980) von Hildegard Schumacher, Siegfried Schumacher. D: Niels An-schütz, Miriam Knabe, Kurt Böwe, Dagmar Manzel, Horst Hiemer.
P: DEFA. L: 79 min. UA: 13.6.1986.

1985/86
So viele Träume
R: Heiner Carow. B: Wolfram Witt. LV: Tatsachenbericht »Die Hebamme« von Imma Lüning. D: Jutta Wachowiak, Dagmar Manzel, Peter René Lüdicke, Heiko Hehlmann.
P: DEFA. L: 86 min. UA: 16.9.1986.

Der Traum vom Elch
R: Siegfried Kühn. B: Christa Müller. LV: Roman »Der Traum vom Elch« (1983) von Herbert Otto. D: Katrin Sass, Marie Gruber, Christian Steyer, Detlef Heintze, Klaus Piontek, Dag-mar Manzel.
P: DEFA. L: 89 min. UA: 4.12.1986.

1986
Der junge Herr Siegmund
R: Bernd Böhlich. B: Horst Enders. LV: Erzählung »Die bei-den merkwürdigsten Tage aus Siegmunds Leben« (1796) von Ludwig Tieck. D: Florian Martens, Dagmar Manzel, Fried-rich-Wilhelm Junge, Jan Spitzer.
P: DDR-TV. L: 60 min. ES: 29.7.1986, DDR 2.
– TV-Spiel.

Das würde dir gut tun
R: Jan Ruzicka. B: André Hennicke. LV: Erzählung »Das würde dir gut tun« von Christiane Grosz. D: Dagmar Man-zel, Johannes Schaff, Florian Martens, André Hennicke.
P: HFF. L: 17 min.
– Kurzspielfilm.

1986/87
Der Staatsanwalt hat das Wort: Um jeden Preis
R, B: Bernd Böhlich. LV: Gisela Richter-Rostalski. MW: Dr.
Peter Przybylski. – D: Frank Matthus, Gerit Kling, Horst
Krause, Dagmar Manzel.
P: DDR-TV. L: 94 min. ES: 12.4.1987, DDR 1.
– TV-Film.

1987
Die erste Reihe. Bilder aus dem Berliner Widerstand
R: Peter Vogel. B: Eberhard Görner, Peter Vogel. LV: Buch
»Die erste Reihe« (1951) von Stephan Hermlin. D: Ulrich
Mühe, Johanna Schall, Walter Plathe, Roman Kaminski, Dag-
mar Manzel.
P: DEFA; für: DDR-TV. L: 105 min. ES: 22.11.1987, DDR 1.
– TV-Film.

Sterben ist nicht neu, mein Freund
R: Dietmar Haiduk. B: Wolfram Witt. LV: Erzählung »Leb
wohl, mein Freund, es ist schwer zu sterben« von Christoph
Hein. D: Franziska Troegner, Dagmar Manzel, Michael Schweig-
höfer, Matthias Wien.
P: HFF. L: 23 min.
– Kurzspielfilm.

1987/88
Der Staatsanwalt hat das Wort: Da mach ich nicht mit
R: Achim Hübner. D: Dr. Peter Przybylski. – D: Angelika Per-
delwitz, Heinz Schröder, Herbert Olschok, Dagmar Manzel.
P: DDR-TV. L: 85 min. ES: 17.7.1988, DDR 1.
– TV-Film.

Polizeiruf 110: Eifersucht
R: Bernd Böhlich. B: Rina Weicker. D: Horst Krause, Käthe
Reichel, Uwe Kockisch, Dagmar Manzel.
P: DDR-TV. L: 93 min. ES: 28.8.1988, DDR 1.
– TV-Film.

Späte Ankunft
R: Vera Loebner. B: Helmut Bez. D: Kurt Böwe, Gudrun
Ritter, Reimar Joh. Baur, Barbara Dittus, Dagmar Manzel.
P: DEFA; für: DDR-TV. L: 86 min + 94 min.
ES: 26. + 28.2.1989, DDR 1.
– TV-Film; 2 Teile.

1988/89
Coming out
R: Heiner Carow. B: Wolfram Witt. D: Matthias Freihof, Dag-
mar Manzel, Dirk Kummer, Michael Gwisdek.
P: DEFA. L: 112 min. UA: 18.9.1989.

Der Magdalenenbaum – Geschichte eines Bildes
R: Rainer Behrend. B: Friedhold Bauer. LV: Roman »Der
Magdalenenbaum« (1979) von Armin Müller.
D: Christine Schorn, Christian Steyer, Thomas Redlich, Tho-
mas Stecher, Dagmar Manzel.
P: DEFA. L: 82 min. UA: 7.12.1989.

Die gestundete Zeit
R, B: Bernd Böhlich. LV: Erzählung »Wohnung mit Telefon«
von Peter Will. D: Lotte Meyer, Torsten Michaelis, Michael
Gwisdek, Swetlana Schönfeld, Dagmar Manzel.
P: DEFA; für: DDR-TV. L: 80 min. ES: 17.12.1989, DDR-
TV.
– TV-Film.

1989/90
Die Zeit ist aus den Fugen – oder »Die Zeit Der Kunst Ist Eine
Andere Zeit Als Die Der Politik Das Berührt Sich Nur Manch-
mal Und Wenn Man Glück Hat Entstehen Funken« Heiner
Müller
R, B: Christoph Rüter. Visuelle Gestaltung: Stephan Guntli.
MW: Heiner Müller, Ulrich Mühe, Jörg Gudzuhn, Stephan
Suschke, Dagmar Manzel.

P: Studio K7, Berlin/West; für: WDR. L: 111 min.
ES: 20.8.1991, West 3.
– TV-Dokumentarfilm.

1990/91
Tanz auf der Kippe
R: Jürgen Brauer. B: Jurij Koch. LV: Roman »Augenoperation«
(1988) von Jurij Koch, »Jean-Monolog« aus »Die neuen Lei-
den des jungen W.« (1972) von Ulrich Plenzdorf. D: Dagmar
Manzel, Frank Stieren, Winfried Glatzeder, Eberhard Kirch-
berg.
P: DEFA-Studio Babelsberg GmbH, Potsdam. L: 97 min.
UA: 16.2.1991.

Tatort: Tödliche Vergangenheit
R, B: Marianne Lüdcke. LV: Idee von Günter Lamprecht.
D: Günter Lamprecht, Max Volkert Martens, Hans Nitschke,
Karin Baal, Dagmar Manzel.
P: SFB. L: 92 min. ES: 20.5.1991, ARD
– TV-Film.

Verfehlung
R: Heiner Carow. B: Wolfram Witt. LV: Novelle »Verfehlung«
von Werner Heiduczek. D: Angelica Domröse, Gottfried
John, Jörg Gudzuhn, Dagmar Manzel.
P: DEFA-Studio Babelsberg GmbH, Potsdam/Von Vieting-
hoff, Berlin. L: 104 min. UA: 19.3.1992.

1991
Offene Zweierbeziehung
R: Carlos Medina; TVR: Bernd Böhlich. LV: Bühnenstück
von Franca Rame, Dario Fo. D: Dagmar Manzel, Thomas
Neumann.
– TV-Spiel. – Deutsches Theater Berlin.

Die Erbschaft
R, B: Bertram von Boxberg. D: Walter Buschhoff, Michael Degen, Dagmar Manzel, René Mounajed.
P: Von Vietinghoff, Berlin; für: BR/SFB/ORF. L: 89 min. ES: 13.11.1991, ARD.
– TV-Film.

1991/92
Schtonk!
R, B: Helmut Dietl. D: Götz George, Uwe Ochsenknecht, Christiane Hörbiger, Rolf Hoppe, Dagmar Manzel.
P: Bavaria, München/WDR. L: 115 min. UA: 12.3.1992.

1992
Einer zahlt immer
R, B: Max Färberböck. D: Heinz Hoenig, Dagmar Manzel, Barbara Focke, Christoph Bantzer.
P: Aspekt Telefilm, Hamburg; für: ZDF. L: 100 min. ES: 29.10.1993, ARTE.
– TV-Film.

1994/95
Ein falscher Schritt
R: Hermine Huntgeburth. B: Lothar Kurzawa, Volker Einrauch. D: Barbara Auer, Dagmar Manzel, Ulrich Matthes, Burghart Klaußner.
P: Josefine, Hamburg; für: ZDF. L: 90 min. ES: 15.4.1995, ZDF.
– TV-Film.

1995
Nach fünf im Urwald
R: Hans-Christian Schmid. B: Hans-Christian Schmid, Michael Gutmann. D: Franka Potente, Axel Milberg, Dagmar Manzel, Farina Brock.
P: Claussen + Wöbke, München. L: 99 min. UA: 27.10.1995, Hof.

Polizeiruf 110: Jutta oder Die Kinder von Damutz
R: Bernd Böhlich. B: Helmut Bez, Bernd Böhlich. D: Katrin
Sass, Dagmar Manzel, Heino Ferch, Michael Greiling.
P: ORB. L: 90 min. ES: 3.12.1995, ARD
– TV-Film.

Heimatgeschichten: Alte Freunde – Sprung ins Glück
R: Andreas Dresen. B: Stefan Kolditz. D: Jaecki Schwarz, Dag-
mar Manzel, Hansjürgen Hürrig, Ilona Schulz.
P: DOKfilm, Potsdam-Babelsberg; für: ORB. L: 45 min.
ES: 25.12.1995, ORB.
– TV-Episodenfilm.

1995/96
Die Putzfraueninsel
R: Peter Timm. B: Peter Timm, Hansjörg Thurn. D: Jasmin Ta-
batabai, Christine Oesterlein, Dagmar Manzel, Kevin Ibeka.
P: Relevant, Hamburg/Avista, München. L: 98 min. Urauf-
führung: 10.10.1996.

1996/97
Die Apothekerin
R: Rainer Kaufmann. B: Ralf Hertwig, Kathrin Richter.
LV: Roman »Die Apothekerin« (1994) von Ingrid Noll.
D: Katja Riemann, Jürgen Vogel, Richy Müller, August Zir-
ner, Dagmar Manzel.
P: Senator, Berlin. L: 108 min. UA: 2.10.1997.

1997
Der Laden
R: Jo Baier. B: Ulrich Plenzdorf, Jo Baier. LV: Roman »Der
Laden« (1983-92) von Erwin Strittmatter. D: Bastian Trost,
Martin Benrath, Jörg Schüttauf, Dagmar Manzel.
P: Manufactum, München/MDR Oriental; für: ORB/WDR/
SWR/BR/ARTE. L: 93 min + 88 min + 90 min. ES: 20.11. 1998,
ARTE.
– TV-Film; 3 Teile.

Gomez – Kopf oder Zahl
R: Edward Berger. B: Edward Berger. D: Lou Bihler, Jenny Deimling, Antonio Wannek, Dagmar Manzel.
P: Medias Res, München/Catpics, Zürich; für: SF DRS, Zürich. L: 87 min. ES: 24.11.1998, ZDF.

1998
Das Frankfurter Kreuz/Francfort – Fin de Siècle
R: Romuald Karmakar. B: Michael Farin, Romuald Karmakar. LV: Hörspiel »Für eine Mark und acht« von Jörg Fauser. D: Michael Degen, Manfred Zapatka, Jochen Nickel, Dagmar Manzel.
P: Die Zweite Hauskunst, Düsseldorf/Haut & Court, Paris; für: WDR/La Sept, Paris. L: 58 min. UA: 15.2.1998.
– TV-Film.

1998/99
Klemperer – Ein Leben in Deutschland
1. Hurra, ich lebe. – 2. Also bleibe ich. – 3. Liebe, Liebe über alles. – 4. Küss mich in der Kurve. – 5. Der gepflanzte Himmel. – 6. Hotel Aviv. – 7. Verdunkelung. – 8. Am Tag, als der Stern aufging. – 9. An die Welt, die wir hinter uns ließen. – 10. Glaube, Liebe, Lüge. – 11. Vor dem Weltuntergang. – 12. Allein auf der Welt.
R: Kai Wessel (F 1–6) , Andreas Kleinert (F 7–12). B: Peter Steinbach. LV: Die Tagebücher von Victor Klemperer. D: Matthias Habich, Dagmar Manzel, Nicole Heesters, Esther Esche.
P: NFP teleart, Berlin; für: MDR. L: 100 min + 11 x 50 min. ES: 12.10.–18.11.1999, ARD.
– TV-Film; Pilot + 11 Teile.

1998–2000
Als Großvater Rita Hayworth liebte/Kdyz deda miloval Rita Hayworthovou/Ab ins Paradies
R, B: Iva Svarcová.
D: Claudia Vašeková, Ewa Gawryluk, Vladimír Hajdu, Jiří Menzel, Dagmar Manzel.

P: Svarc, Berlin/Bernard Lang, Freienstein (CH). L: 90 min. UA: November 2000.

1999/2000
Crazy
R: Hans-Christian Schmid. B: Michael Gutmann, Hans-Christian Schmid. LV: Roman »Crazy« (1999) von Benjamin Lebert. D: Robert Stadlober, Tom Schilling, Oona-Devi Lie-bich, Julia Hummer, Dagmar Manzel.
P: Claussen + Wöbke, München. L: 97 min. UA: 8.6.2000.

2000/01
Goebbels & Geduldig
R: Kai Wessel. B: Peter Steinbach. D: Ulrich Mühe, Eva Mat-tes, Dagmar Manzel, Götz Otto.
P: SWR. L: 90 min. UA: 24.10.2001; 20.11.2002, ARD.
– TV-Film.

Boran
R: Alexander Berner. B: Claus Fischer. D: Matthias Habich, Henry Hübchen, Mehmet Kurtulus, Dagmar Manzel.
P: TeamWorx, Berlin/Comet, Bottrop/Senator, Berlin.
L: 101 min. UA: 22.1.2002.

2001
Kelly Bastian – Geschichte einer Hoffnung
R: Andreas Kleinert. B: Wolfgang Menge. LV: Buch von Alice Schwarzer. D: Dagmar Manzel, Michael Mendl, Nicole Hees-ters, Gudrun Ritter.
P: filmpool, Köln; für: WDR. L: 90 min. ES: 3.10.2001, ARD
– TV-Film.

2001/02
Liebe ist die halbe Miete
R: Gabi Kubach. B: Axel Plogstedt. D: Götz George, Thekla Carola Wied, Marco Girnth, Stephanie Stumph, Dagmar Manzel.

P: neue deutsche Filmgesellschaft, München; für: MDR.
L: 90 min. ES: 27.2.2002, ARD
– TV-Film.

2002
Abgeschminkt: Dagmar Manzel
R, B: Johanna Schickentanz. MW: Dagmar Manzel.
P: Euro Kultur TV; für: ZDF. L: 15 min. ES: 6.12.2002, ZDF-
Theaterkanal.
– TV-Kurzdokumentation.

Bella Block: Kurschatten
R: Thorsten Näter. B: Jochen Brunow. D: Hannelore Hoger,
Rudolf Kowalski, Matthias Habich, Dagmar Manzel.
P: Objectiv, Hamburg; für: ZDF. L: 97 min. ES: 19.4.2003,
ZDF.
– TV-Film.

2003
Leben wäre schön
R: Kai Wessel. B: Beate Langmaack. D: Dagmar Manzel, Ga-
briela Maria Schmeide, Filip Peeters, Amelie Kiefer.
P: Allmedia, München; für: BR. L: 88 min. Uraufführung:
22.10.2003, ARD
– TV-Film.

Kant – reloaded
R, B: Theo Roos. D: Hanns Zischler, Helge Schneider, Dagmar
Manzel.
P: ACT Videoproduktion, Köln; für: ZDF/3sat. L: 45 min.
ES: 12.2.2004, 3sat.
– TV-Film. – »Szenische Collage«.

2003/04
Nachbarinnen
R: Franziska Meletzky, Klaus Überall. B: Elke Rössler. D: Dag-
mar Manzel, Grażyna Szapołowska, Jörg Schüttauf, Berndt
Stübner.

P: Eikon, Leipzig/Junifilm, Berlin/HFF/RBB. L: 92 min. UA: 27.1.2004.

2004/05
Willenbrock
R: Andreas Dresen. B: Laila Stieler. LV: Roman »Willenbrock« von Christoph Hein. D: Axel Prahl, Inka Friedrich, Anne Ratte-Polle, Dagmar Manzel.
P: UFA, Potsdam-Babelsberg/CoP: TPI, Hamburg/Studio Babelsberg, Potsdam/WDR/MDR/SWR. L: 107 min. UA: 16.2.2005.

Speer und er
1. Germania – Der Wahn. – 2. Nürnberg – Der Prozess. – 3. Spandau – Die Strafe.
R: Heinrich Breloer. B: Horst Königstein, Heinrich Breloer. D: Sebastian Koch, Tobias Moretti, Dagmar Manzel, Susanne Schäfer.
P: Bavaria, München; für: WDR/BR/NDR/ORF. L: 3 x 90 min. ES: 9.5./11.5./12.5.2005, ARD.
– TV-Film mit Dokumentarteilen; 3 Teile.

2005 Schiller – reloaded
R, B: Theo Roos. D: Hanns Zischler, Dagmar Manzel, Helge Schneider, Stefan Kaminski.
P: ACT Videoproduktion, Köln; für: ZDF/3sat. L: 47 min. ES: 1.5.2005, 3sat/Theaterkanal.
– TV-Film. – »Szenische Collage«.

Die Nachrichten
R: Matti Geschonneck. B: Alexander Osang. D: Jan Josef Liefers, Dagmar Manzel, Henry Hübchen, Uwe Kockisch.
P: Network Movie, Köln; für: ZDF. L: 90 min. UA: 23.9.2005.
– TV-Film.

Vier Töchter
R: Rainer Kaufmann. LV: Inger Alfvén. D: Dagmar Manzel, Tanja Schleiff, Stefanie Stappenbeck, Lisa Maria Potthoff.

P: Claussen + Wöbke + Putz, München. L: 82 min. UA: 26.10.
2006.

2005/06
Als der Fremde kam
R: Andreas Kleinert. B: Andreas Kleinert, Hans-Werner
Honert. D: Götz George, Dagmar Manzel, Christian Redl,
Gudrun Ritter.
P: Colonia Media, Köln; für: WDR. L: 89 min. UA: 10.5.2006,
ARD.
– TV-Film.

Der Junge ohne Eigenschaften
R: Thomas Stiller. B: Thomas Stiller. D: Marek Harloff, Lisa
Martinek, Dagmar Manzel, Peter Lohmeyer.
P: Aurora, Hamburg/Sentimental Pitbulls, Berlin; mit: CH
Media, Potsdam. L: 96 min. UA: 9.9.2006.

2006
Nicht alle waren Mörder
R, B: Jo Baier. D: Nadja Uhl, Aaron Altaras, Hannelore Els-
ner, Dagmar Manzel.
P: teamWorx, Potsdam; für: SWR/BR. L: 95 min. ES: 1.11.
2006, ARD.
– TV-Film.

2006/07
Frei nach Plan
R: Franziska Meletzky. B: Elke Rössler. D: Dagmar Manzel,
Corinna Harfouch, Kirsten Block, Christine Schorn.
P: Credofilm, Berlin. L: 90 min. UA: 17.6.2007.

Freischwimmer
R: Andreas Kleinert. B: Thomas Wendrich. D: Frederick Lau,
August Diehl, Fritzi Haberlandt, Dagmar Manzel.
P: Typhoon, Köln. L: 115 min. UA: 5.9.2007.

Bloch – Die blaue Stunde
R, B: Thorsten Näter. D: Dieter Pfaff, Dagmar Manzel, Peter Prager, Ulrike Krumbiegel.
P: Maran, Baden-Baden; für: SWR/WDR. L: 89 min. ES: 9.1.2008, ARD.
– TV-Film.

2007
Der Kriminalist: Unter Freunden
R: Torsten C. Fischer. B: Clemens Murath. D: Christian Berkel, Frank Giering, Günther Maria Halmer, Dagmar Manzel.
P: Monaco, Berlin; für: ZDF. L: 60 min. ES: 25.1.2008, ZDF.
– TV-Film.

2007/08
»Jetzt bin ich allein«. Der Schauspieler Ulrich Mühe
R, B: Christoph Rüter. MW: Ulrich Mühe (Archiv); Michael Haneke, Thomas Langhoff, Susanne Lothar, Dieter Mann, Dagmar Manzel, u. a.
P: Christoph Rüter, Berlin; für: ZDF- theaterkanal. L: 60 min. UA: 17.7.2008.
– TV-Dokumentation.

Mordgeständnis
R: Thorsten Näter. B: Detlef Michel. D: Claudia Michelsen, Dagmar Manzel, Tom Schilling, Robert Gallinowski.
P: ABC-Studio, Wiesbaden; für: ZDF. L: 89 min. ES: 1.9. 2008, ZDF
– TV-Film.

2007–2009
John Rabe
R, B: Florian Gallenberger. D: Ulrich Tukur, Daniel Brühl, Steve Buscemi, Dagmar Manzel.
P: H & V Entertainment, München/EOS Entertainment, Oberhaching/Majestic, Berlin/Huayi Brothers & Taihe, Beijing/Pampa, Paris/ZDF. L: 134 min. UA: 7.2.2009.

2008
Kiss me, Kate.
R: Barrie Kosky; TVR: Andreas Morell. B: Samuel & Bella Spewack, Susanne Wolf. LV: Musical »Kiss Me, Kate« (1948) von Cole Porter. D: Roger Smeets, Dagmar Manzel, Danny Costello, Sigalit Feig.
P: ZDF/3sat. L: 164 min. ES: 7.6.2008, 3sat.
– TV-Spiel. – Komische Oper Berlin.

2008/09
Hoffnung für Kummerow
R: Jan Ruzicka. B: Kerstin Höckel, Michael Wallner. D: Henry Hübchen, Dagmar Manzel, Uwe Kockisch, Christine Schorn.
P: Saxonia Media, Leipzig; für: NDR/ARTE. L: 89 min. ES: 17.7.2009, ARTE.
– TV-Film.

2009–2011
Die verlorene Zeit
R: Anna Justice. B: Pamela Katz. Mitarbeit: Anna Justice. D: Alice Dwyer, Dagmar Manzel, Mateusz Damiecki, Susanne Lothar.
P: MediaPark, Berlin. L: 110 min. UA: 16.6.2011.

2010
Der Kriminalist: Das Vogelmädchen
R: Christian Görlitz. B: Esther Bernstorff. D: Christian Berkel, Frank Giering, Maya Bothe, Jürgen Tarrach, Dagmar Manzel.
P: Monaco, Berlin; für: ZDF. L: 60 min. ES: 22.10.2010, ZDF
– TV-Film.

Traum im Herbst
R: Luk Perceval. LV: Jon Fosse. D: Stephan Bissmeier, Gundi Ellert, Cornelia Heyse, Dagmar Manzel, Werner Rehm.
P: Zuckerfilm, Grünwald. L: 65 min. UA: 28.1.2011.

2010/11
Tatort: Stille Wasser
R, B: Thorsten Näter. D: Sabine Postel, Oliver Mommsen, Dagmar Manzel, Robert Gallinowski.
P: Bremedia, Bremen; für: RB. L: 89 min. ES: 13.2.2011, ARD
– TV-Film.

Die Unsichtbare
R: Christian Schwochow. B: Heide Schwochow, Christian Schwochow. D: Stine Fischer Christensen, Ulrich Noethen, Dagmar Manzel, Christina Drechsler.
P: TeamWorxX, Ludwigsburg; CoP: SWR/ARTE/RBB. L: 113 min. UA: 3.7.2011.

Zettl
R: Helmut Dietl. B: Benjamin von Stuckrad-Barre, Helmut Dietl. D: Michael Herbig, Karoline Herfurth, Senta Berger, Dieter Hildebrandt, Dagmar Manzel.
P: Diana, München/herbX, München. L: 109 min. UA: 2.2.2012.

Blaubeerblau
R: Rainer Kaufmann. B: Beate Langmaack. D: Devid Striesow, Stipe Erceg, Dagmar Manzel, Margit Bendokat.
P: Polyphon, Hamburg/CoP: Moviepool, München. L: 91 min. UA: 29.6.2012.

2011
Irgendwo auf der Welt – Dagmar Manzel entdeckt Werner Richard Heymann
R: Enrique Sánchez Lansch. MW: Dagmar Manzel, Elisabeth Trautwein-Heymann, Tal Balshai
P: RBB. L: 59 min. ES: 11.12.2011, RBB.
– TV-Dokumentation.

2011/12
Mord nach Zahlen
R, B: Thorsten Näter. D: Dagmar Manzel, Felicitas Woll,
Alwara Höfels, Stephan Luca, Klara Manzel.
P: JoJo, Wiesbaden/Bavaria, München; für: ZDF. L: 89 min.
ES: 15.5.2013, ZDF
– TV-Film.

2012/13
Krokodil
R: Urs Egger. B: Karl-Heinz Käfer. LV: Roman von Philippe
Djian. D: Mario Adorf, Alwara Höfels, Dagmar Manzel,
Michael Mendl.
P: UFA, Potsdam-Babelsberg; für: ZDF. L: 89 min.
ES: 29.3.2013, ZDF
– TV-Film.

Stiller Sommer
R, B: Nana Neul. D: Dagmar Manzel, Ernst Stötzner, Victo-
ria Trauttmansdorff, Marie Rosa Tietjen
P: 2Pilots GmbH, Köln/CoP: WDR/SWR. L: 90 min.
UA: 30.6.2013.

2014/15
Besuch für Emma
R: Ingo Rasper. B: Karlotta Ehrenberg. D: Dagmar Manzel,
Henry Hübchen, Klara Manzel, Franz Rogowski.
P: Novafilm, Berlin; für: ARD Degeto. L: 88 min.
ES: 16.10.2015, ARD
– TV-Film.

Tatort
Der Himmel ist ein Platz auf Erden
R: Andreas Senn . B: Beate Langmaack . D: Dagmar Manzel,
Fabian Hinrichs, Eli Wasserscheid, Andreas Leopold Schadt,
Stefan Merki, Matthias Egersdörfer .
ES: 12.4.2015, ARD
– TV-Film.

2015/16
Tatort: Das Recht, sich zu sorgen
R: Andreas Senn. B: Beate Langmaack. D: Dagmar Manzel,
Fabian Hinrichs, Barbara Prakopenka, Sibylle Canonica.
P: Claussen + Putz, München; für: BR. L: 89 min.
ES: 22.5.2016, ARD
– TV-Film.
Basis der Recherchen waren die in der Datenbank CineBase
bei CineGraph gesammelten Informationen. Neben den (nur
kritisch übernommenen) Angaben aus den Datenbanken von
IMDb (www.imdb.com) und Filmportal (www.filmportal.de)
wurden vor allem folgende Online-Quellen hinzugezogen:
– crew united (www.crew-united.com)
– FFernsehen der DDR (www.fernsehenderddr.de)
– Wikipedia (in verschiedenen Sprach-Versionen)
sowie einige – immer noch verlässlichere – gedruckte Quellen:
– Günter Schulz u. a. (Zusammenstellung): Filmo-biblio-
grafischer Jahresbericht 1965–1990, 26 Bände. Berlin: Institut
für Filmwissenschaft an der Deutschen Hochschule für Film-
kunst 1966-67/ab 1968: Henschelverlag (Filmwissenschaft-
liche Bibliothek), ab 1992: Henschel Verlag/Bundesarchiv
– Achim Klünder: Lexikon der Fernsehspiele 1978–1987.
3 Bände. München: Saur 1991
– Achim Klünder: Lexikon der Fernsehspiele 1988–1992.
München: Saur 1991–94
– Achim Klünder, Sigrid Röder: Fernsehspiele 1993/1994. Tü-
bingen: Niemeyer 1996, 1998
– Fernsehspiele 1995. Frankfurt/Main: Deutsches Rundfunk-
archiv o. J.

2016/17
Tatort: Am Ende geht man nackt
R: Markus Imboden. B: Holger Karsten Schmidt. D: Dagmar
Manzel,
Fabian Hinrichs, Eli Wasserscheid, Andreas Leopold Schadt,
Stefan Merki, Matthias Egersdörfer.

ES: 9.4.2017, ARD
– TV-Film.

2017/18
Tatort: Ich töte niemand
R: Max Färberböck. B: Max Färberböck und Catharina Schuch-
mann. D: Dagmar Manzel,
Fabian Hinrichs, Eli Wasserscheid, Andreas Leopold Schadt,
Matthias Egersdörfer.
ES: 15.4.2018, ARD
– TV-Film.

2018
Oh Gloria
R: Ingo Rasper D: Dagmar Manzel, Axel Prahl, Max Hopp,
Matthias Freihof
– TV-Film.

Unter Leuten
R: Matti Geschonneck
– TV-Film, 3-Teiler

Ich möchte an dieser Stelle die beispielhafte Arbeit von Günter
Schulz und Achim Klünder dankbar hervorheben, ohne deren
langjährige Bemühungen eine Dokumentation des audio-
visuellen Erbes in der Deutschen Demokratischen Republik
und der Bundesrepublik Deutschland nicht existieren würde.
Da die Dokumentation der deutschen Rundfunkanstalten
ihrer Produktionen über die relativ knappen Angaben bei
Klünder sehr zu wünschen übrig lässt, kann für eine Voll-
ständigkeit der Angaben nicht garantiert werden.

Konzerte

13.11.2010
Eisler-Lieder
Musikalische Leitung: Peter Rundel, Ensemble Intercontemporain, Cité de la musique Paris

6.9.2012
Lieder & Chansons von Hanns Eisler – Ach, man sagt des roten Mondes Anblick
Arrangements: Tal Bashai, Musiker: Tal Bashai, Bernhard Nusser, Sören Fischer, Nikolaus Hanjohr Popa, Maren Voormans, Konzerthaus Berlin (Internationale Hanns Eisler Gesellschaft (IHEG) e. V., Berlin)

31.10.2012
Michael Jarell: Cassandre
Mus. Leit.: Peter Rundel, Collegium Novum Zürich, Theater Rigiblick Zürich

13.1. bis 15.1.2013
Neujahrskonzert der Bremer Philharmoniker, Werke von Paul Burkhard, John Kander, Erich Wolfgang Korngold, Eduard Künneke, Ruggero Leoncavallo, Jacques Offenbach, Cole Porter, Stephen Sondheim u. v. m.
Musikalische Leitung: Markus Poschner, Musiker: Bremer Philharmoniker, Alejandro Marco-Buhrmester (Bariton), Die Glocke Bremen

1.2. bis 2.2.2013
Augsburger Brechtfestival 2013
Lieder von Weill, Eisler und Heymann
Musikalische Leitung: Frank Schulte

1.3.2013
Der Philharmonische Salon: »Irgendwo auf der Welt« (Heymann, Eisler)
Musiker: Berliner Philharmoniker, Robert Gallinowski, Lon-
don Southbank Centre

1.3.2014
Friedrich Hollaender: Menschenskind
Musiker: Michael Abramovich (Klavierbegleitung), Theater
der Altmark Stendal

4.3.2014
Friedrich Hollaender: Menschenskind
Musiker: Michael Abramovich (Klavierbegleitung), Deutsche
Oper am Rhein Duisburg

30.3.2014
Friedrich Hollaender: Menschenskind
Musiker: Michael Abramovich (Klavierbegleitung), Theater
Rigiblick Zürich

27.4.2014
Friedrich Hollaender: Menschenskind
Musiker: Michael Abramovich (Klavierbegleitung), Münch-
ner Volkstheater

5.5.2014
Friedrich Hollaender: Menschenskind
Musiker: Michael Abramovich (Klavierbegleitung), Hessisches
Staatstheater Wiesbaden

7.5.2014
Friedrich Hollaender: Menschenskind
Musiker: Michael Abramovich (Klavierbegleitung), Kleistfo-
rum Frankfurt/Oder

11.5.2014
Friedrich Hollaender: Menschenskind
Musiker: Michael Abramovich (Klavierbegleitung), Sächsisches
Staatsschauspiel Dresden

18.5.2014
Friedrich Hollaender: Menschenskind
Musiker: Michael Abramovich (Klavierbegleitung), Oranien-
baum-Wörlitz (Gesellschaft der Freunde des Dessau-Wörlitzer
Gartenreiches e.V.)

12.6. und 13.6.2014
Friedrich Hollaender: Menschenskind
Musiker: Michael Abramovich (Klavierbegleitung), Stralsund
& Greifswald (Theater Vorpommern)

21.6.2014
Ein Sommernachtstraum: »Fêtes des Plaisirs«
Molière: »Der Geizige« (Deutsche Fassung von Wilfried
Minks und Thomas Körner) (gekürzte Fassung) Michel Bé-
jar: »Plaisirs« (Uraufführung, Auftragswerk der Philharmonie
Essen)
Musik von Jean-Philippe Rameau sowie Orchesterwerke und
Texte von Jean-Baptiste Lully, Lieselotte von der Pfalz, Jacques
Offenbach, Eduard Künneke, Richard Strauss, Maurice Ra-
vel, Heiner Müller u. a.
Musikalische Leitung: Roland Kluttig, Musiker: Essener Phil-
harmoniker, Martijn Cornet (Bariton), Schauspiel Essen,
Aalto Ballett Essen, Michel Béjar (Choreografie), Philharmo-
nie Essen

30.8.2014
Friedrich Hollaender: Menschenskind
Musikalische Leitung: Antonello Manacorda, Musiker: Kam-
merakademie Potsdam, Nikolaisaal Potsdam

3.12.2014
Hollaender Orchestersongs
Dirigent: Markus Poschner, Musiker: Bremer Philharmoniker, Die Glocke Bremen

20.12.2014
Friedericke Mayröcker: Requiem für Ernst Jandl (Uraufführung)
Komposition: Lesch Schmidt, Einrichtung: Hermann Beil, Musiker: Lesch Schmidt, Claus Riedl, Alexander Rindberger, Dirko Juchem, Manni von Bohr, Burgtheater Wien

11.1.2015
Friedericke Mayröcker: Requiem für Ernst Jandl
Komposition: Lesch Schmidt, Einrichtung: Hermann Beil, Musiker: Lesch Schmidt, Claus Riedl, Alexander Rindberger, Dirko Juchem, Manni von Bohr, Berliner Ensemble (Gastspiel Burgtheater Wien)

27.6.2015
Ein Sommernachtstraum: »Modern Times«
Musik von: Berg, Eisler, Hollaender, Korngold, Wagner, Dessau, Zeller, Meisel, Mahler, Webern, Strauss und Ives – Texte von: Disney, Reiniger, Ruttmann, Tucholsky, Kafka, Hofmannsthal, Brecht u. a.
Musikalische Leitung: Marc Piollet, Musiker: Essener Philharmoniker, Matthias Goerne (Bariton), Alexander Schmalcz (Klavier), Kammerensemble, Aalto-Jazz-Quartett, Philharmonie Essen

26.9.2015
Internationale Beethovenfeste Bonn
Friedrich Hollaender: Menschenskind
Musiker: Arnulf Ballhorn (Bass), Ralf Templin (Gitarre), Michael Abramovich (Klavier)

29.9.2015
Friedrich Hollaender: Menschenskind
Musiker: Michael Abramovich (Klavierbegleitung), Düsseldorfer Schauspielhaus

31.12.2015 bis 1.1.2016
Silvester- und Neujahrskonzert
Werke von Strauß, Straus, Offenbach, Hollaender, Heymann, Nelson und Porter
Musikalische Leitung.: Markus Poschner, Musiker: Dresdner Philharmonie, Dresdner Philharmonie

4.5. bis 28.5.2016
Agota (UA 4.5.2016)
Musikalische Leitung: Peter Rundel, Inszenierung: Ingo Kerkhof, Libretto: Stefanie Wördemann nach Ágota Kristóf, Musiker: Marena Whitcher, Nico van Wersch, Lukas Rutzen & Ensemble Modern, Internationale Maifestspiele 2016, Hessisches Staatstheater Wiesbaden

12.5.2016
Lieder von Hollaender, Eisler, Heymann, Weill
Musiker: Michael Abramovich (Klavierbegleitung), Teatro Real Madrid

22.6.2016
Friedrich Hollaender: Menschenskind
Musiker: Arnulf Ballhorn (Bass), Ralf Templin (Gitarre), Michael Abramovich (Klavier), Rheingau Musikfestival

2.7. bis 3.7.2016
K. Weill: Die sieben Todsünden
Musikalische Leitung: GMD Markus Huber, Musiker: Badische Philharmonie Pforzheim, Stadttheater Pforzheim

1.8.2016
Friederike Mayröcker: Requiem für Ernst Jandl
Komposition: Lesch Schmidt, Einrichtung: Hermann Beil,
Musiker: Lesch Schmidt, Claus Riedl, Alexander Rindberger,
Dirko Juchem, Manni von Bohr, Salzburger Festspiele

Auszeichnungen

1991 Kunstpreis Berlin – Jubiläumsstiftung 1848/1948 – Kategorie Darstellende Kunst

1994 Deutscher Kritikerpreis – Kategorie Theater

1995 Kritikerpreis der Berliner Zeitung für »Kriemhilds Rache«

1999 Adolf-Grimme-Preis in Gold für »Der Laden«

2000 Deutscher Fernsehpreis für »Klemperer« – Kategorie Beste Darstellerin

2002 Schauspielerin des Jahres für »Traum im Herbst«

2004 Adolf-Grimme-Preis für »Leben wäre schön«

2004 Bayerischer Fernsehpreis für »Leben wäre schön«

2006 Deutscher Fernsehpreis für »Die Nachrichten« und »Als der Fremde kam« – Kategorie Beste Darstellerin

2007 Beste Darstellerinnen (Ensemble) Shanghai International Film Festival für »Frei nach Plan«

2008 Publikumspreis der TheaterGemeinde Berlin für »Kiss me, Kate«

2009 B.Z.-Kulturpreis »Berliner Bär«

2012 Deutscher Schauspielerpreis für »Zettl« und »Die Unsichtbare« – Kategorie Weibliche Nebenrolle

2012 Deutscher Filmpreis für »Die Unsichtbare« – Kategorie Beste weibliche Nebenrolle

2013 Ehrenpreis des Berliner Theaterviertels East End

2013 Publikumspreis der TheaterGemeinde Berlin für »Ball im Savoy«

2013 Nominierung Grimme-Preis für »Blaubeerblau«

2013 Deutscher Hörbuchpreis für »August« – Kategorie Beste Interpretin

2014 DER FAUST als beste Schauspielerin für ihre Rolle in »Gift« am Deutschen Theater, Berlin – Kategorie Darstellerin

2015 Nominierung Hessischer Fernsehpreis für »Besuch für Emma« – Kategorie »Beste Darstellerin

2016 Iffland-Medaille in Gold
Auszeichnung der Deutschen Akademie für Fernsehen für »Besuch für Emma« – Kategorie »Schauspielerin – Hauptrolle«
Nominierung »Goldene Kamera« für »Besuch für Emma« – Kategorie »Beste deutsche Schauspielerin«

2017 Paula Preis

2017 Goldener Vorhang des Berliner Theaterclubs

2018 HR2 Hörbuch des Jahres für »Requiem für Ernst Jandl«

Personenregister

237

Bildnachweis

Günter Linke 1
Privatarchiv Dagmar Manzel 2, 3, 4, 5, 6, 7, 8, 9, 10, 14, 18, 21, 22, 24, 25, 27, 28, 30, 34
Ute Mahler/Ostkreuz 14, 23
Wolfram Schmidt 11
Ulrich Rödiger 12
Gisela Harich 13
Defa-Stiftung/Wolfgang Fritsche 15, 16
Roberto Ferrantini, Rom 19
Picture alliance 20, 32, 33, 40
DRAMA. Agentur für Theaterfotografie 17, 24, 25, 26, 29, 31 (Wolfhard Theile), 26 (Joachim Fieguth), 42, 44 (Iko Freese), 35 (Holger Foullois), 36, 38, 43 (Barbara Braun)
Mario Pfeifer 37
Monika Rittershaus 39, 41
Bayerischer Rundfunk/Olaf Tiedje 45

Trotz intensiver Recherchen ist es uns nicht in allen Fällen gelungen, die Rechteinhaber ausfindig zu machen. Berechtigte Ansprüche bitten wir an den Verlag zu richten.